学ぶ人は、
変えてゆく人だ。

目の前にある問題はもちろん、
人生の問いや、
社会の課題を自ら見つけ、
挑み続けるために、人は学ぶ。
「学び」で、
少しずつ世界は変えてゆける。
いつでも、どこでも、誰でも、
学ぶことができる世の中へ。

旺文社

もくじ

1日目 世界の姿，日本の姿 …… 2
世界の姿／緯度と経度／世界の国々と地域区分／日本の位置・領域
標準時と時差／日本の地域区分

2日目 人々の生活と環境 …… 6
世界の気候／人々の生活と環境

3日目 世界の諸地域 …… 10
アジア・オセアニアの国々／ヨーロッパ・アフリカの国々
北アメリカ・南アメリカの国々

4日目 日本の地域的特色 …… 14
日本の自然／日本の人口／日本の資源・エネルギー・産業／日本の交通・通信

5日目 日本の諸地域と身近な地域の調査 …… 18
九州地方，中国・四国地方／近畿地方，中部地方，関東地方
東北地方，北海道地方／身近な地域の調査

6日目 古代までの日本と世界 …… 22
文明のおこり／日本の成り立ち／律令国家の成立／奈良時代／平安時代

7日目 中世の日本と世界 …… 26
武士の成長と平氏の政権／鎌倉幕府の成立と元寇／南北朝の動乱と室町幕府
民衆の成長と室町文化

8日目 近世の日本と世界 …… 30
ヨーロッパ人の来航と天下統一／江戸幕府の成立と鎖国
産業の発達と幕府政治の動き／新しい学問と町人文化

9日目 近代の日本と世界 …… 34
欧米諸国の近代化と日本の開国／明治維新／立憲国家の成立
日清・日露戦争とアジア／近代産業と近代文化

10日目 二度の世界大戦と日本，現代の日本と世界 …… 38
第一次世界大戦と日本／日本の中国侵略と第二次世界大戦
戦後日本の発展と国際社会／これからの日本と世界

第１回 総復習テスト …… 42
第２回 総復習テスト …… 46

※地域によって中学１・２年の学習範囲が異なるため，地理・歴史分野のすべての単元を掲載しています。

社会情勢の変化により，掲載内容に違いが生じる事柄があります。
弊社ホームページ『知っておきたい時事ニュース』をご確認ください。
https://www.obunsha.co.jp/pdf/support/jiji_news.pdf

世界の姿，日本の姿

学習日　　月　　日

基礎問題

解答➡別冊解答2ページ

1 世界の姿

● 地球の面積比…陸地：海洋＝〔①　　　〕：〔②　　　〕。

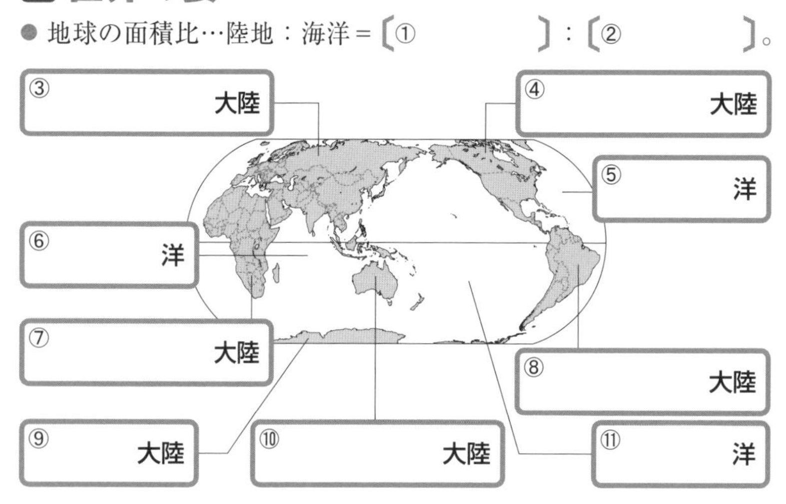

2 緯度と経度

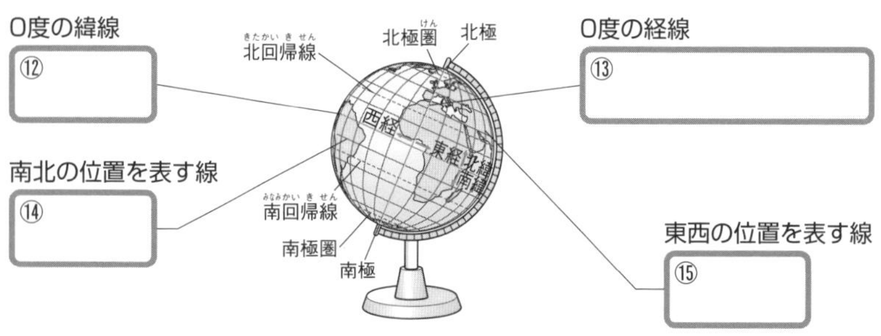

3 世界の国々と地域区分

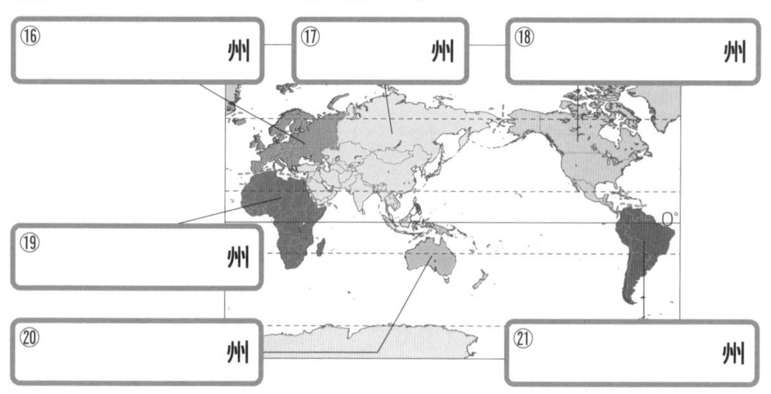

世界の姿

参考　六大陸の大きさ

順位	大陸
1位	ユーラシア大陸
2位	アフリカ大陸
3位	北アメリカ大陸
4位	南アメリカ大陸
5位	南極大陸
6位	オーストラリア大陸

参考　三大洋の大きさ

順位	大洋
1位	太平洋
2位	大西洋
3位	インド洋

緯度と経度

資料　世界地図

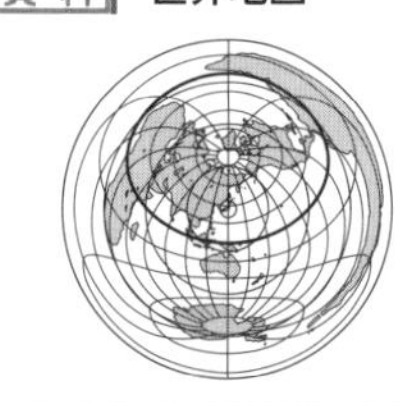

▲中心からの距離と方位が正しい地図

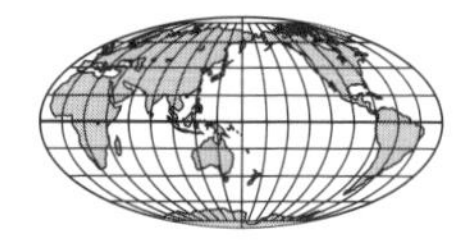

▲面積が正しい地図

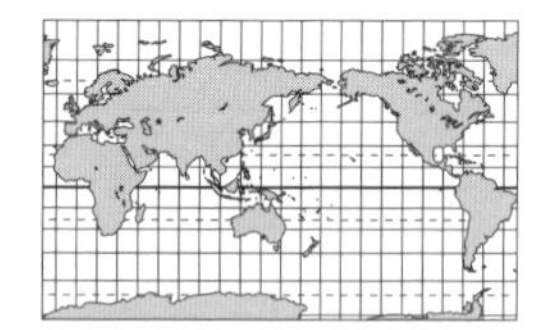

▲角度が正しい地図

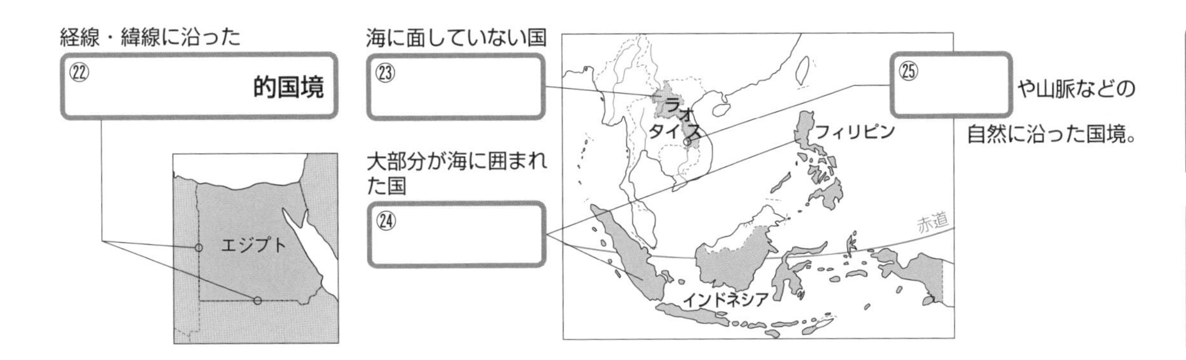

4 日本の位置・領域

- 日本の位置…〔㉖　　　　　〕大陸の東，太平洋の北西部。
- 日本列島…国土面積は約〔㉗　　　〕万 km^2。北海道から沖縄まで約〔㉘　　　〕km にわたって連なる。

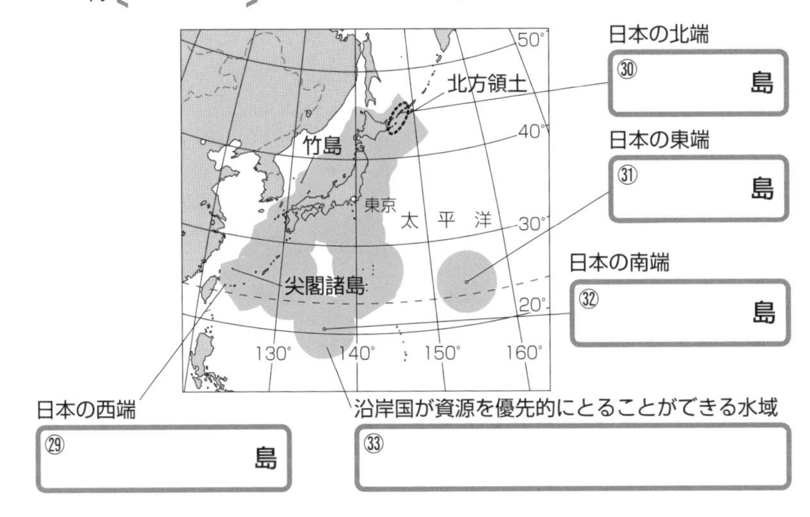

5 標準時と時差

- 標準時…各国・地域が〔㉞　　　　　　〕にもとづいて定める時刻。日本の〔㉞〕は東経〔㉟　　　〕度の経線。
- 時差…経度差が〔㊱　　　〕度で1時間の時差が生じる。
- 時差の求め方…〔㉞〕の差÷15。日本とイギリスの場合，〔㉞〕の差は135度なので，135(度)÷15＝〔㊲　　　〕(時間)。

6 日本の地域区分

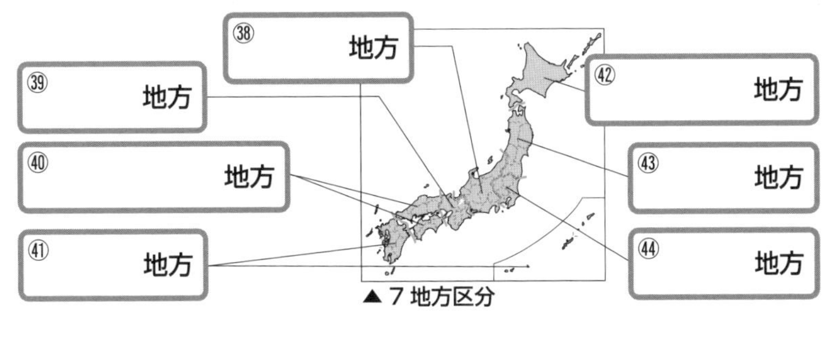

▲7 地方区分

日本の位置・領域

くわしく 日本の領土

北方領土…択捉島，国後島，色丹島，歯舞群島。ロシア連邦に不法に占拠されている。

竹島…島根県の島。大韓民国（韓国）によって不法に占拠されている。

尖閣諸島…沖縄県石垣市の島。日本が実効支配しているが，中華人民共和国（中国）や台湾が領有を主張。

資料 国家の領域

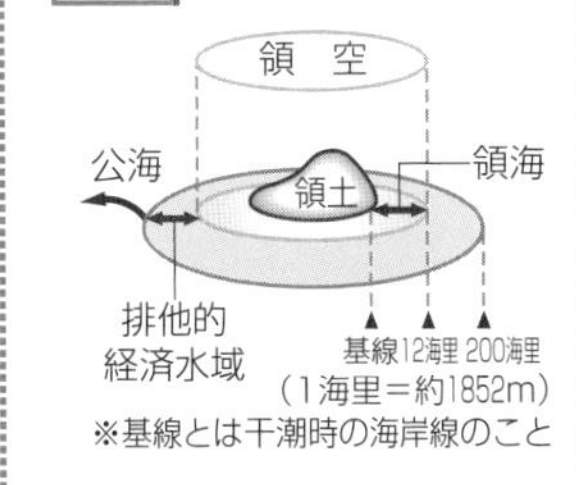

※基線とは干潮時の海岸線のこと

標準時と時差

知っトク 時差の計算

東半球どうし・西半球どうしの地点の場合…大きい経度から小さい経度を引く。
(例) 東京とベルリン
135度－15度＝120度
120度÷15＝8時間

東半球と西半球の地点の場合…2つの経度を足す。
(例) 東京とロサンゼルス
135度＋120度＝255度
255度÷15＝17時間

世界の姿，日本の姿

得点
／100点

基礎力確認テスト

解答➡別冊解答2ページ

1 右の地図を見て，次の問いに答えなさい。[6点×7]

(1) **地図1**の特徴を正しく説明したものを，次から1つ選び，記号で答えなさい。〈佐賀〉　(　　)

ア 国や地域などの形や面積が正しく描かれており，人口や農作物の生産の分布図に用いるのに適している。

イ 経線と緯線が直角に交わるように描かれており，方角を正しく知ることができ，航海に役立つように作られている。

ウ 経線と緯線の間が等しい間隔で描かれており，2つの地点間の時差をわかりやすく示している。

エ 地図の中心からある地点への距離と方位が正しく描かれており，中心からの最短コースを知るのに適している。

地図1

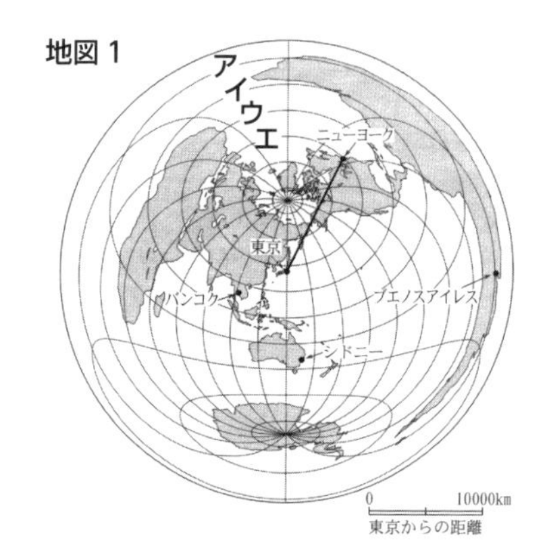

(2) **地図1**中で赤道を示しているものを，**地図1**中の**ア**～**エ**から1つ選び，記号で答えなさい。〈千葉・改〉　(　　)

(3) **地図1**中に示された東京以外の4つの都市のうち，東京からの距離が3番目に近い都市はどこか。その都市名を書きなさい。〈千葉〉　(　　)

(4) 東京から南に向かって直進し，地球を一周して戻ってくると，いくつかの大陸の一部を通過する。南極大陸の次に通過する大陸名を書きなさい。〈千葉〉(　　)

(5) **地図1**中の東京とニューヨークを結ぶ線は，2つの都市間の最短航路を示している。この航路は，**地図2**ではどのように表されるか。**地図2**中の**A**～**D**から1つ選び，記号で答えなさい。〈青森・改〉　(　　)

地図2

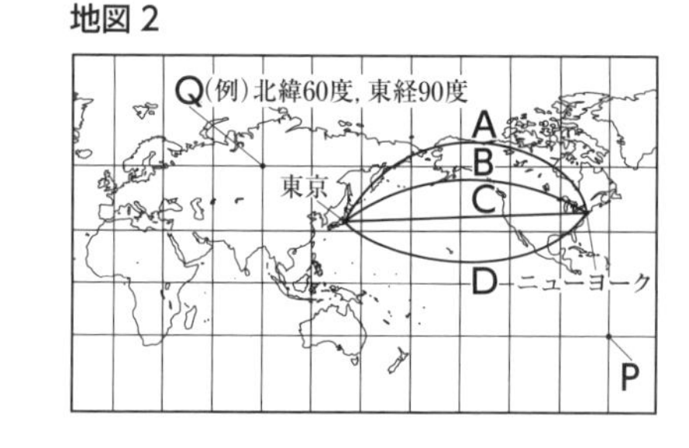

(6) **地図2**中の**P**点の緯度と経度を，**Q**点の例を参考にして書きなさい。〈青森〉　(　　)

(7) **地図2**には，南アメリカ大陸と南極大陸が描かれていない。右の図は，・印を直線で結び，南アメリカ大陸の略地図をかこうとしているものである。適当な・印を結ぶ3本の直線をかき加えて，南アメリカ大陸の略地図を完成させなさい。〈愛媛〉

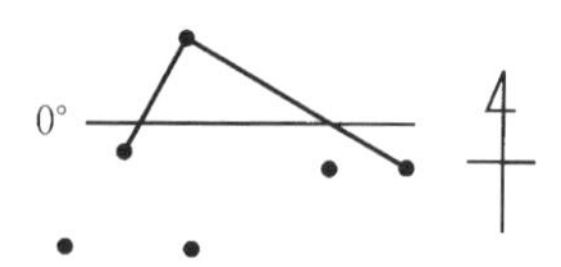

2 次の問いに答えなさい。[7点×7]

(1) 次の文中の［　　］にあてはまるものを，それぞれの**ア**～**エ**から１つずつ選び，記号で答えなさい。〈栃木〉

① わが国の国土面積は約［　　］万 km^2 である。（　　）

ア 4　**イ** 38　**ウ** 960　**エ** 1708

② 奈良県は内陸に位置しているが，京都府は［　　］に面している。（　　）

ア 瀬戸内海　**イ** 東シナ海　**ウ** 日本海　**エ** オホーツク海

(2) 右の地図を見て，次の①～③の問いに答えなさい。

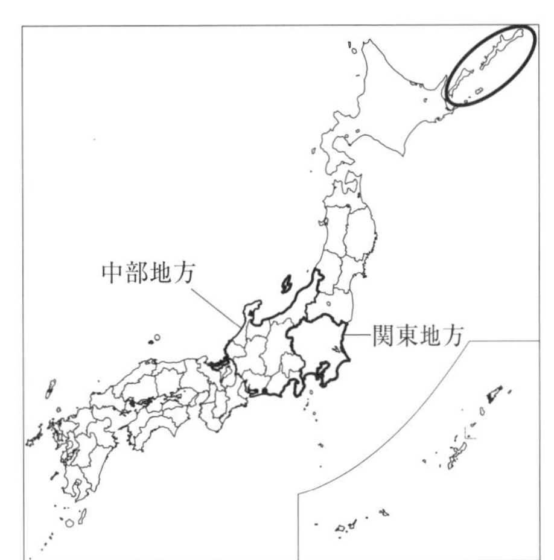

① 地図中の関東地方の都や県の境は未記入である。関東地方の都県のうち，海に面していない都県の数を数字で書きなさい。〈千葉〉

（　　）

② 地図中の中部地方の県のうち，県名と県庁所在地名が異なる県はどこか。そのすべての県の範囲を斜線で示しなさい。〈千葉〉

③ 地図中の⬭の中にある島々は，日本が，ロシア連邦に返還を求めている日本固有の領土である。この領土を何というか，書きなさい。〈宮崎〉（　　）

(3) 右の表の**あ**～**う**は，右下の地図中のオーストラリア，カナダ，ブラジルのいずれかの国である。これを見て，次の①・②の問いに答えなさい。〈富山〉

国	領土の面積（万km²）	排他的経済水域の面積（万km²）
あ	998	470
い	851	317
う	769	701
日本	38	447

※排他的経済水域の面積には領海を含む。
（「海洋白書 2009」など）

① 次の文の［X］に適切な語を書きなさい。

> オーストラリア，カナダ，ブラジルの排他的経済水域の面積は，領土の面積よりも小さいが，日本の排他的経済水域の面積は，領土の面積よりも大きい。それは，日本は，国土が海に囲まれ，海の上に国境がある［X］であり，沖ノ鳥島や南鳥島のような離島もあるからである。

（　　）

② **う**の国名を書きなさい。（　　）

3 右の地図中の**A**で示した地点が１月３日の午前６時のとき，**B**で示した地点の日付と時刻にあてはまるものを，次から１つ選び，記号で答えなさい。〈東京〉[9点]（　　）

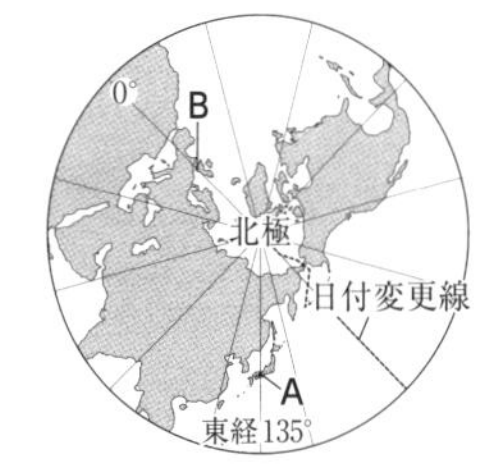

ア １月２日　午後３時　**イ** １月２日　午後９時
ウ １月３日　午後３時　**エ** １月３日　午後９時

人々の生活と環境

学習日　　月　　日

基礎問題

解答 ➲ 別冊解答3ページ

1 世界の気候

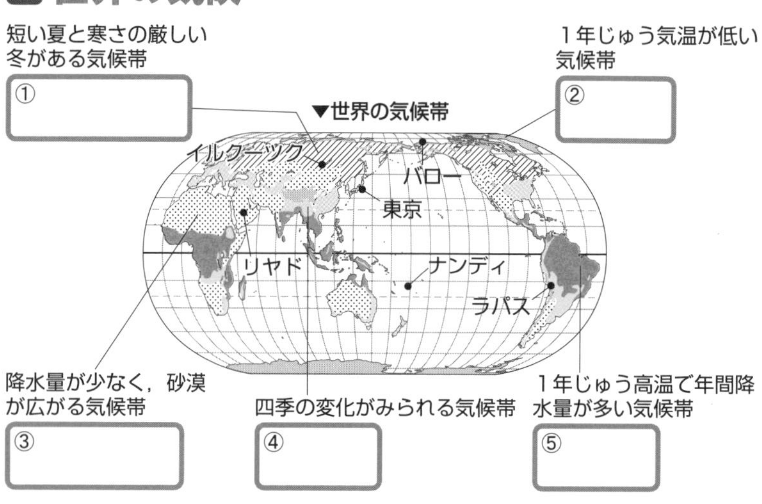

▼気候区

①	針葉樹林帯のタイガが広がる。	
②	⑥	1年じゅう雪や氷に閉ざされる。
	⑦	夏に氷が解け，こけ類や草が生える。
③	⑧	岩や砂の砂漠が広がる。
	⑨	たけの短い草原が広がる。
④	⑩	季節風の影響で降水量が多い。
	⑪	気温や降水量の変化が小さい。
	⑫	夏に乾燥し，冬に雨が降る。
⑤	⑬	1年じゅう雨が多い。
	⑭	雨季と乾季に分かれる。
	⑮	標高が高い地域の気候。同緯度の低地よりも気温が低い。

世界の気候

資料　雨温図

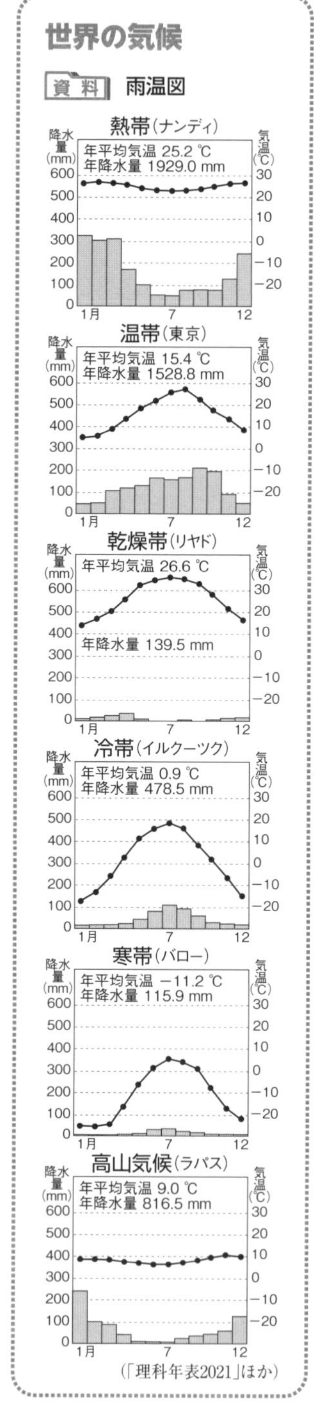

(「理科年表2021」ほか)

2 人々の生活と環境

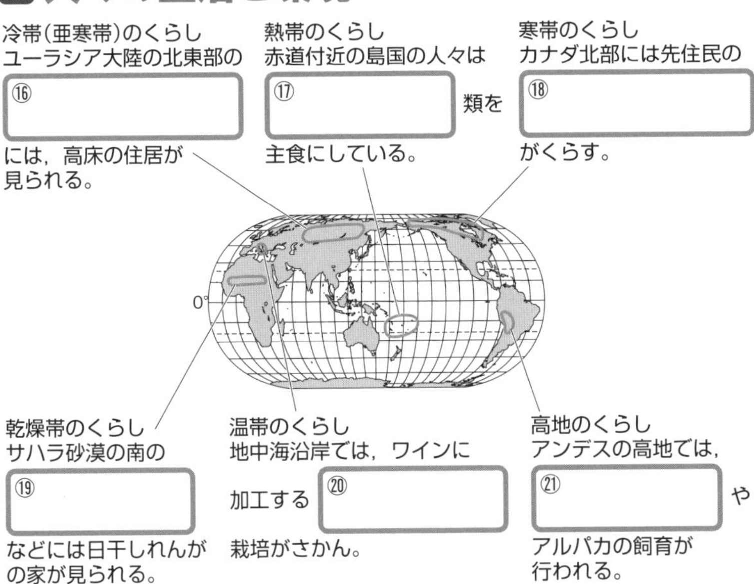

● イタリアやスペインは，温帯のうち〔㉒　　　　　　　　〕気候である。

● 冷帯〔亜寒帯〕の地域には〔㉓　　　　　　　　〕とよばれる針葉樹の森林が広がる。

● 砂漠の中の〔㉔　　　　　　〕では，水がわき，集落や耕地が発達している。

● 乾燥帯の地域では，草や水を求めて移動しながら家畜を飼育する〔㉕　　　　　　〕が行われている。

● 赤道付近には〔㉖　　　　　　　　〕という森林が広がっている。

● 熱帯の地域では，森林を焼きはらい，灰を肥料にして農作物を栽培する〔㉗　　　　　　〕が行われている。

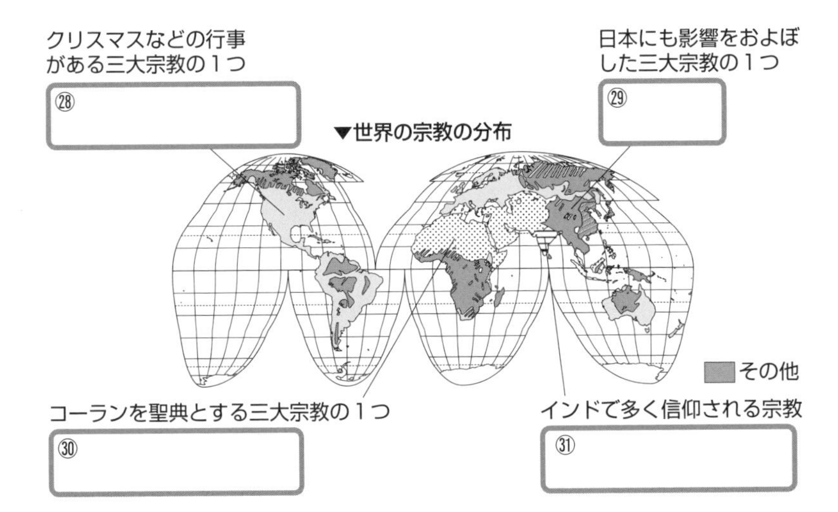

人々の生活と環境

くわしく 世界の食事

主な主食…小麦，米，とうもろこし，いも類，肉・乳製品など。

資料 ゲル

モンゴルの遊牧民のテント式の住居。移動に便利。

資料 世界の衣装

◀イスラム教徒の女性が着るチャドル

◀インドの女性が着るサリー

◀朝鮮半島の女性が着るチマ・チョゴリ

◀アンデスの高地でくらす人々が着るポンチョ

知っトク 宗教の特色

キリスト教…世界で最も信者が多い。人々は日曜日に教会に出かけ，祈る。

イスラム教…１日に５回聖地メッカに向かい礼拝する。

仏教…タイなど，男性が僧侶になって修行する習慣がある国もある。

ヒンドゥー教…牛を神聖な動物として大切にする。

人々の生活と環境

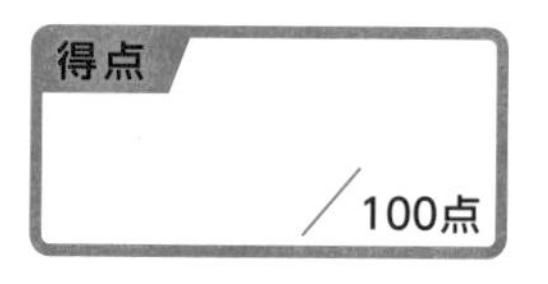

基礎力確認テスト

解答➡別冊解答3ページ

1 右の地図を見て，次の問いに答えなさい。［9点×2］

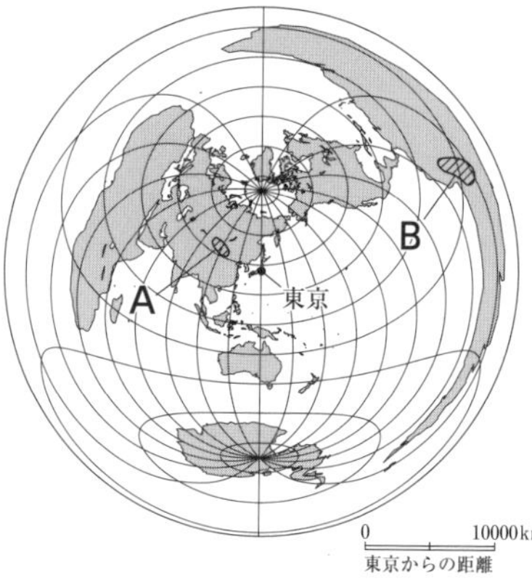

⑴ 地図中のAの地域で撮影した写真として，最も適切なものを，次から1つ選び，記号で答えなさい。〈鳥取〉　（　　）

（地図中の文字：A　B　東京　0　10000km　東京からの距離）

ア 土でつくられた家

イ 草でつくられた家

ウ 動物の毛でつくられた家

エ 石づくりの家

⑵ **資料1**は，地図中のBの区域の標高と主な土地利用を模式的に表したものであり，**資料1**中のP，Qは，それぞれ，リャマやアルパカの放牧，とうもろこしの栽培のいずれかにあたる。また，**資料2**は，**資料1**中の地点Rと地点Sの，月別の平均気温を模式的に表したものであり，**資料2**中のⅠ，Ⅱは，それぞれ地点R，地点Sのいずれかの，月別の平均気温にあたる。リャマやアルパカの放牧にあたる記号と，地点Rの月別の平均気温にあたる記号の組み合わせとして適当なものを，次から1つ選び，記号で答えなさい。〈愛媛〉

資料1

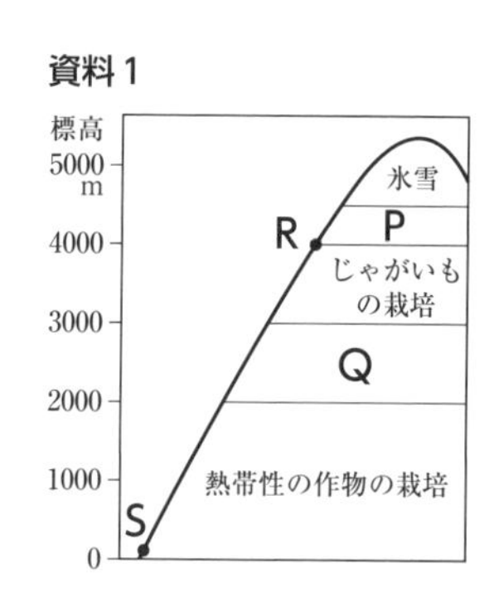

資料2

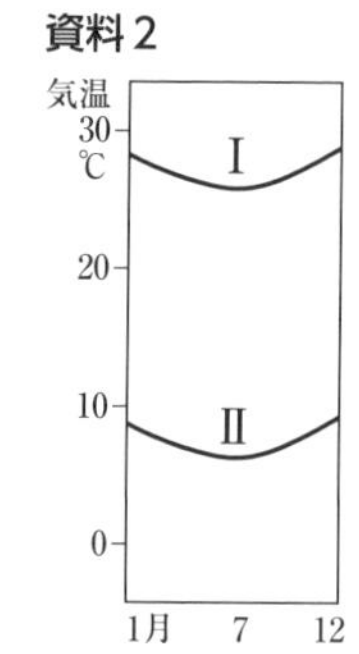

ア PとⅠ　**イ** PとⅡ　**ウ** QとⅠ　**エ** QとⅡ　（　　）

2 右の地図を見て，次の問いに答えなさい。［⑶は10点，他は9点×8］

⑴ 地図中のⅠ～Ⅲの地域について，特色ある衣服とそれに合う説明文はどれか。衣服は次のページのア～ウから，説明文はA～Cからそれぞれ1つずつ選び，記号で答えなさい。〈富山〉

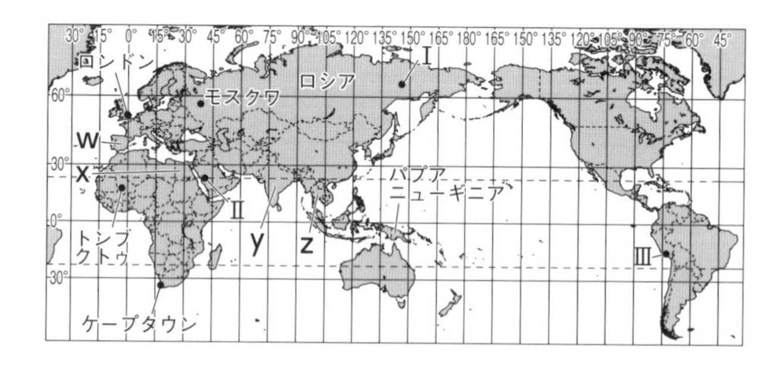

A　日中の強い日ざしや砂ぼこりから身を守るため，長袖で丈の長い服を着る。
B　アルパカの毛で衣服やつばのついた帽子を作り，高地の強い紫外線や寒さを防いでいる。
C　冬になると厚いコートや毛皮で作った防寒着，帽子を身に付ける。

ア　イ　ウ

Ⅰ　衣服（　　　）　説明文（　　　）　Ⅱ　衣服（　　　）　説明文（　　　）
Ⅲ　衣服（　　　）　説明文（　　　）

(2) 右の雨温図は，地図中のロンドン，モスクワ，トンブクトゥ，ケープタウンのいずれかの都市の気温と降水量を表している。ロンドンにあてはまるものを，**ア**～**エ**から１つ選び，記号で答えなさい。〈福島〉（　　　）

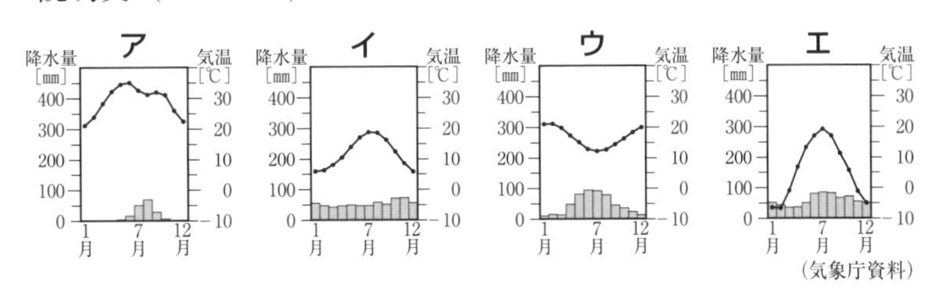

（気象庁資料）

(3) **資料１**は，地図中のロシアで見られる住居，**資料２**は，パプアニューギニアで見られる住居である。また，次の文は，**資料１・２**をもとに，ロシアとパプアニューギニアで見られる建物の特徴(とくちょう)についてまとめたものである。文中の［　　　］にあてはまる，ロシアとパプアニューギニアで見られる建物に共通する特徴は何か，**資料１・２**から読み取れることにふれて，答えなさい。〈三重〉

資料１

資料２

　ロシアで見られる建物は，建物から出る熱で永久凍土(とうど)がとけて建物がかたむくことを防ぐため，また，夏に永久凍土がとけて水はけが悪くなることへの対策として，［　　　］。パプアニューギニアで見られる建物は，風通しをよくして暑さや湿気(しっけ)をやわらげるため，［　　　］。

（　　　　　　　　　　　　　　　　　　　　）

(4) 右の**表**は，地図中の**w**～**z**の国々の，それぞれの，宗教別の人口の割合を表したものである。**表**中のⅠ～Ⅳにそれぞれあてはまる宗教の組み合わせとして適当なものを，次から１つ選び，記号で答えなさい。〈愛媛〉（　　　）

表

国	宗教別の人口の割合（%）
w	Ⅰ 78　その他 22
x	Ⅱ 90　Ⅰ 10
y	Ⅲ 80　Ⅱ 14　その他 6
z	Ⅳ 83　Ⅱ 9　その他 8

（2020/21 年版「世界国勢図会」ほか）

ア　Ⅰ　キリスト教　Ⅱ　ヒンドゥー教　Ⅲ　イスラム教　Ⅳ　仏教
イ　Ⅰ　キリスト教　Ⅱ　イスラム教　Ⅲ　ヒンドゥー教　Ⅳ　仏教
ウ　Ⅰ　イスラム教　Ⅱ　キリスト教　Ⅲ　仏教　Ⅳ　ヒンドゥー教
エ　Ⅰ　イスラム教　Ⅱ　ヒンドゥー教　Ⅲ　仏教　Ⅳ　キリスト教

3 日目 世界の諸地域

学習日　　月　　日

基礎問題

解答 ➲ 別冊解答 4 ページ

1 アジア・オセアニアの国々

● 中国は外国の資本や技術を取り入れるために 5 か所の〔⑩　　　　〕を設けている。

● 東南アジアでは植民地時代につくられた〔⑪　　　　　　〕という大農園で輸出用の農産物をつくっている。

● オーストラリアの先住民を〔⑫　　　　　　〕という。

2 ヨーロッパ・アフリカの国々

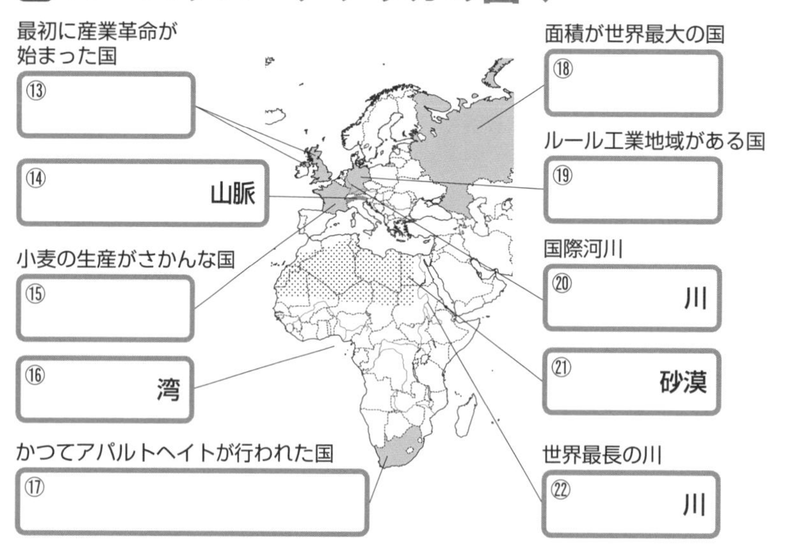

アジア・オセアニアの国々

資料 米と小麦の国別生産量割合(2018 年)

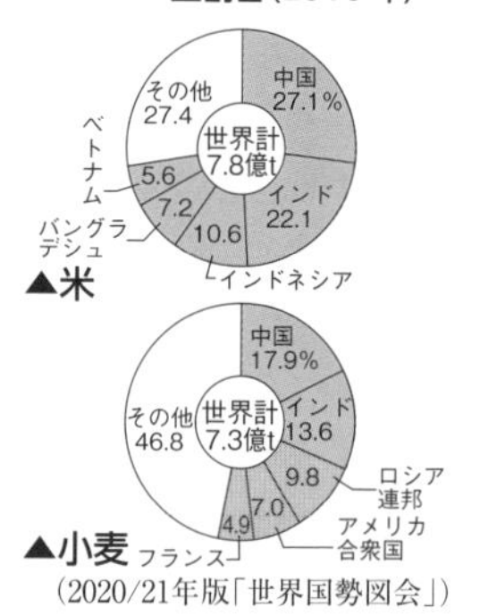

▲米

▲小麦

(2020/21年版「世界国勢図会」)

くわしく アジア NIES

新興工業経済地域。1970 年代以降，急速に工業化をはたした韓国(かんこく)，台湾(たいわん)，ホンコン，シンガポールのこと。

くわしく 中国の民族

中国は多民族国家。9 割を占める漢族(かんぞく)〔漢民族〕と 55 の少数民族が共存する。

資料 オーストラリアの貿易相手国(2018 年)

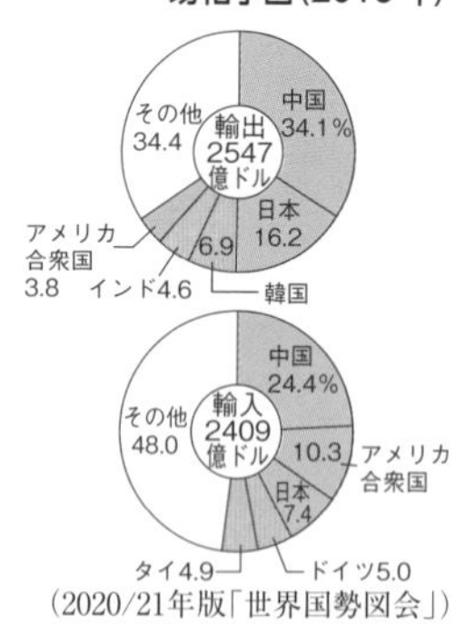

(2020/21年版「世界国勢図会」)

- ヨーロッパ西部は，暖流と〔㉓　　　　〕の影響で緯度が高いわりには温暖な気候になっている。
- ヨーロッパの北西部・東部では穀物の栽培と家畜の飼育を組み合わせた〔㉔　　　　〕，南部ではオリーブ・ぶどう・小麦などを栽培する〔㉕　　　　〕，北部では酪農がさかん。
- ヨーロッパの多くの国は〔㉖　　　　〕〔ヨーロッパ連合〕に加盟し，共通通貨の〔㉗　　　　〕を使用している。
- アフリカの大部分は，かつてヨーロッパ諸国の〔㉘　　　　〕とされていた。
- アフリカの各地では，世界的に産出量の少ない〔㉙　　　　〕〔希少金属〕が産出される。

3 北アメリカ・南アメリカの国々

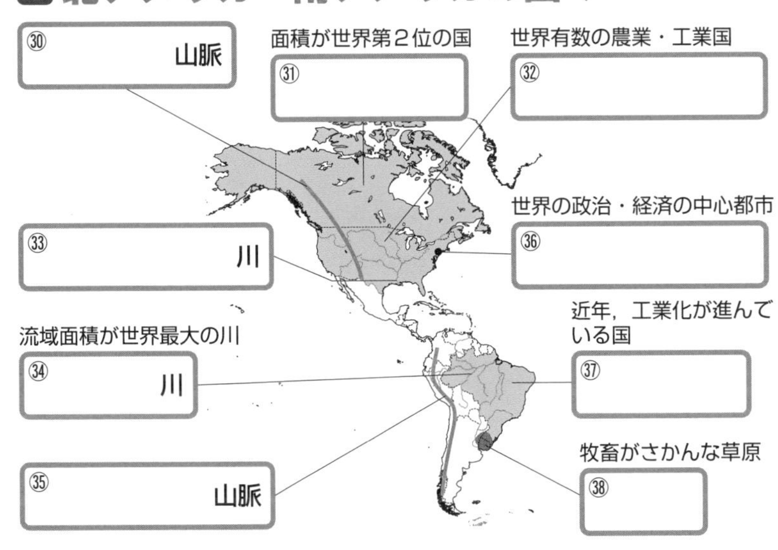

- アメリカ合衆国の北緯37度以南の新しい工業地域である〔㊴　　　　〕では，先端技術産業がさかんである。
- サンフランシスコ近郊には情報通信技術(ICT)産業がさかんな〔㊵　　　　〕がある。
- アメリカ合衆国の国民のうち，メキシコやカリブ海地域から移住し，スペイン語を話す人々を〔㊶　　　　〕という。
- ブラジルの公用語は〔㊷　　　　〕語，その他の南アメリカの国々の多くではスペイン語が公用語になっている。
- アマゾン川流域では，森林を焼いて耕地にし，灰を肥料に農作物を栽培する〔㊸　　　　〕農業が行われている。
- ブラジルでは，さとうきびを原料としたアルコール燃料である〔㊹　　　　〕の生産がさかんになっている。

ヨーロッパ・アフリカの国々

くわしく EU加盟国

27か国（2020年11月現在）。早くに加盟した国と，遅れて加盟した国の間の経済格差が問題になっている。2020年，イギリスが離脱。

北アメリカ・南アメリカの国々

資料 おもな農産物の国別輸出量割合（2017年）

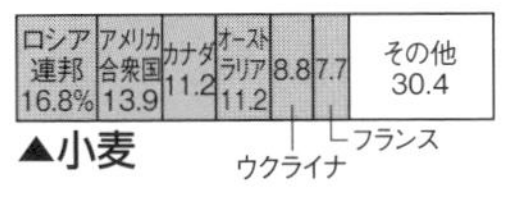

▲小麦

インド	タイ	ベトナム	アメリカ合衆国	パキスタン	その他
27.1%	26.1	13.1	7.3	6.1	20.3

▲米

アメリカ合衆国	ブラジル	アルゼンチン	ウクライナ	その他
32.9%	18.1	14.7	12.0	22.3

▲とうもろこし

アメリカ合衆国	インド	オーストラリア	ブラジル	その他
41.9%	12.1	11.2	10.7	24.1

▲綿花

（2020/21年版「世界国勢図会」）

くわしく アメリカ合衆国の農業の特色

- 地域の環境にあった農産物を生産する適地適作。
- 広い耕地を少ない労働力で経営する企業的農業。

資料 おもな鉱産資源の国別産出量割合（2017年）

オーストラリア	ブラジル	中国	インド	ロシア連邦	その他
36.5%	17.9	14.9	8.3	4.1	18.3

▲鉄鉱石

チリ	中国	ペルー	アメリカ合衆国	コンゴ民主共和国	その他
30.2%	9.0	8.9	7.2	5.3	39.4

▲銅鉱

（2020/21年版「世界国勢図会」）

知っトク BRICS（ブリックス）

国土面積が広く，人口も多く，近年の経済発展が著しいブラジル（Brazil），ロシア連邦（Russia），インド（India），中国（China），南アフリカ共和国（South Africa）の国々。

世界の諸地域

得点
／100点

基礎力確認テスト

解答➲別冊解答4ページ

1 次の問いに答えなさい。［(1)・(2)②は10点×2，他は8点×3］

(1) 次の**資料1**を参考にしてまとめた右の文中の［　　］にあてはまる内容を，「平均賃金」，「東南アジア」の語を用いて書きなさい。〈茨城〉

資料1　日本企業の進出数と平均賃金の指数

国名	日本企業の進出数			平均賃金の指数（2017年）
	2015年	2016年	2017年	
インドネシア	1163	1218	1269	13.5
中国	6825	6774	6744	31.0
タイ	2318	2412	2482	15.7
ベトナム	889	972	1062	8.5
マレーシア	926	965	973	14.8

中国では，多くの外国企業を経済特区などへ招き入れ，工業化を進めてきました。**資料1**を見ると，日本企業の海外への進出数は，中国が多いことがわかります。しかし，日本企業の海外への進出数の変化に着目すると，近年では，［　　］への進出数が増えていることがわかります。

注）平均賃金の指数は，日本（東京）を100とした場合の値。首都における製造業の賃金を基準としている。（日本貿易振興機構資料，「データブック　オブ・ザ・ワールド」2017・2018・2019より作成）

（　　　　　　　　　　　　　　　　　　　　）

(2) 1993年に発足したＥＵに関して，次の①，②の問いに答えなさい。〈福島・改〉

① 右の地図中のＡ国，Ｂ国では，ＥＵの共通通貨が導入されている。この通貨を何というか。

（　　　　　　）

資料2　バルト海沿岸のEU加盟国の一人あたりの国民総所得の変化

グループ	国名	一人あたりの国民総所得	
		2005年（ドル）	2018年（ドル）
P	デンマーク	48650	62659
	B国	34980	48843
	スウェーデン	42060	56632
	フィンランド	38550	50301
Q	エストニア	9700	22806
	ラトビア	6760	17544
	リトアニア	7250	18470
	ポーランド	7270	14791

（2020/21年版「世界国勢図会」など）

② **資料2**は地図中のバルト海沿岸諸国の一人あたりの国民総所得の変化を表しており，2000年以前からの加盟国をＰグループ，2001年以降に加盟した国をＱグループとしている。Ｑグループの2018年の一人あたりの国民総所得と，Ｑグループの2005年からのその増加率について，「Ｐグループに比べ，Ｑグループは，」の書き出しに続けて書きなさい。

（Ｐグループに比べ，Ｑグループは，
　　　　　　　　　　　　　　　　　　　　）

(3) 右の地図中の▲は，**資料3**のＸの鉱産資源の分布を示し，■はＹの鉱産資源の分布を示している。ＸとＹの鉱産資源名をそれぞれ答えなさい。〈富山・改〉

資料3　日本の主な鉱産資源の輸入先

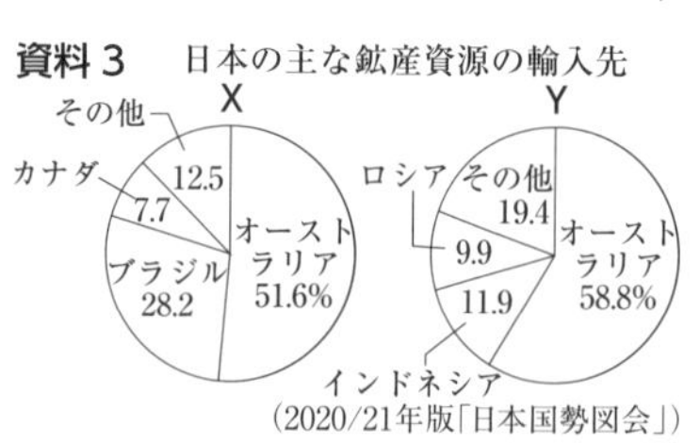

（2020/21年版「日本国勢図会」）

Ｘ（　　　　　　）　Ｙ（　　　　　　）

2 中国とアメリカ合衆国について，次の問いに答えなさい。〈沖縄・改〉［8点×5］

(1) 中国について，次の①～③の問いに答えなさい。

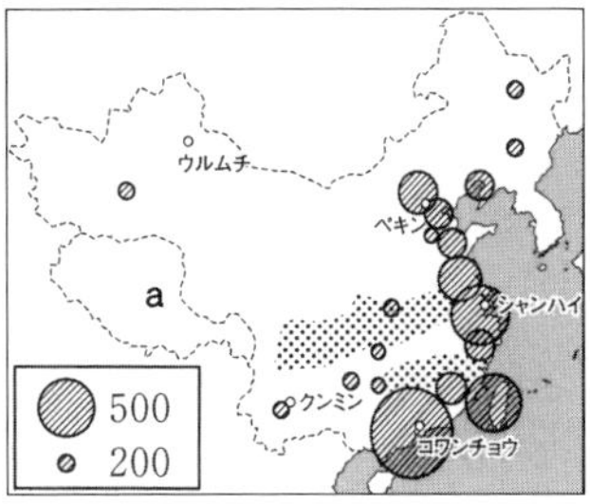

① **図1**の░░░地域で主に栽培されている農産物名を答えなさい。（　　　）

② **図1**に関して，**a**の自治区では主にどのような宗教が信仰されているか。次から１つ選び，記号で答えなさい。

ア イスラム教　**イ** ヒンドゥー教　（　　　）
ウ キリスト教　**エ** 仏教

③ **図1**の◎のしるしは日本に関係のある事がらの分布を示している。あてはまることを，次から１つ選び，記号で答えなさい。（　　　）

ア 日本人留学生の数　**イ** 日本企業の進出数
ウ 日本人の観光客数　**エ** 華僑（華人）の送金額

図1

図2

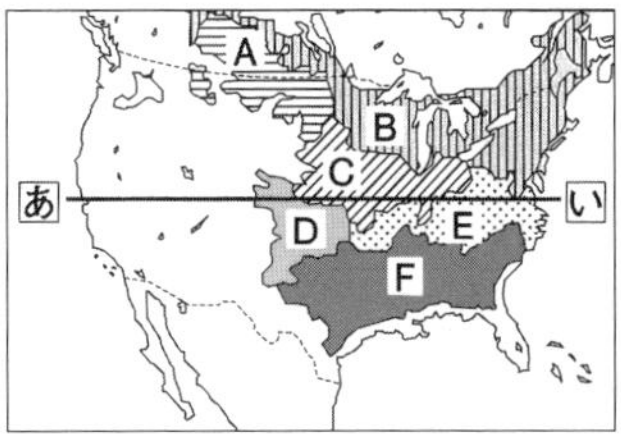

(2) アメリカ合衆国について，次の①・②の問いに答えなさい。

① **図2**の**A**～**F**は農産物の栽培地域を表している。**C**の地域で主に栽培されている農産物名を答えなさい。

（　　　　　　）

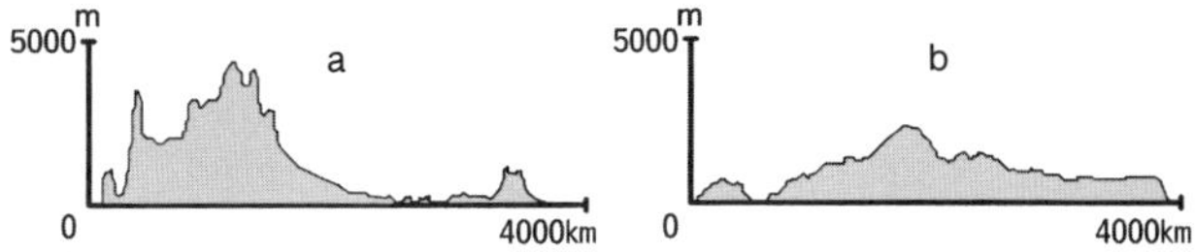

② **図2**の**あ**－**い**の断面図を表しているのはどれか。**図3**の**a**，**b**から１つ選び，記号で答えなさい。（　　　）

図3

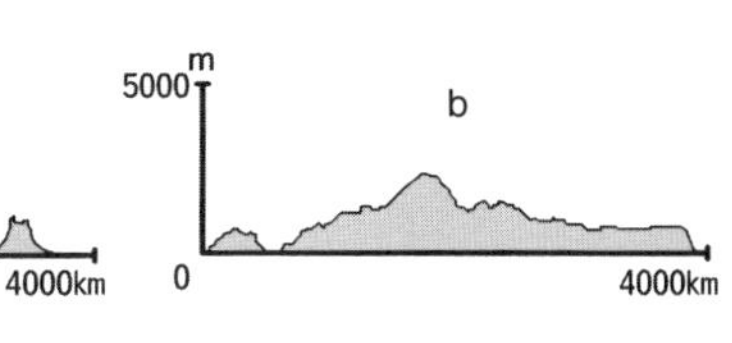

3 次の問いに答えなさい。〈和歌山・改〉［8点×2］

(1) 右の**表**は，中国，アメリカ，ドイツ，インドの４か国について，それぞれの国の面積，一人あたりのエネルギー供給量，米の生産量，小麦の生産量を示したものである。インドにあたるものを，**表**中の**ア**～**エ**から１つ選び，記号で答えなさい。（　　　）

表

	面積（千 km^2）	一人あたりのエネルギー供給量（石油換算トン）	米の生産量（千トン）	小麦の生産量（千トン）
ア	9834	6.61	10170	51287
イ	3287	0.66	172580	99700
ウ	358	3.77	－	20264
エ	9600	2.21	212129	131441

※「－」は，皆無なこと，またはあてはまる数字のないことを示します。（2020/21年版「世界国勢図会」）

(2) 右の**図**は，アフリカ付近の気候区分を模式的に示したものです。**図**中の**A**～**C**にあてはまる気候の組み合わせとして正しいものを，次の**ア**～**エ**から１つ選び，記号で答えなさい。（　　　）

ア A－乾燥帯　B－熱帯　C－温帯
イ A－熱帯　B－乾燥帯　C－温帯
ウ A－乾燥帯　B－温帯　C－熱帯
エ A－熱帯　B－温帯　C－乾燥帯

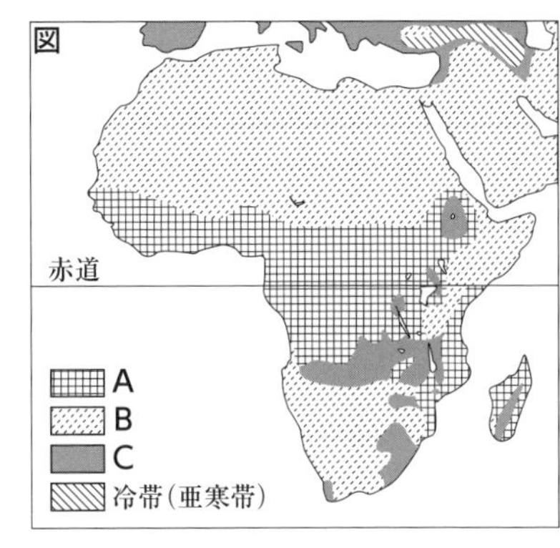

4日目 日本の地域的特色

学習日　　月　　日

基礎問題

解答➡別冊解答5ページ

1 日本の自然

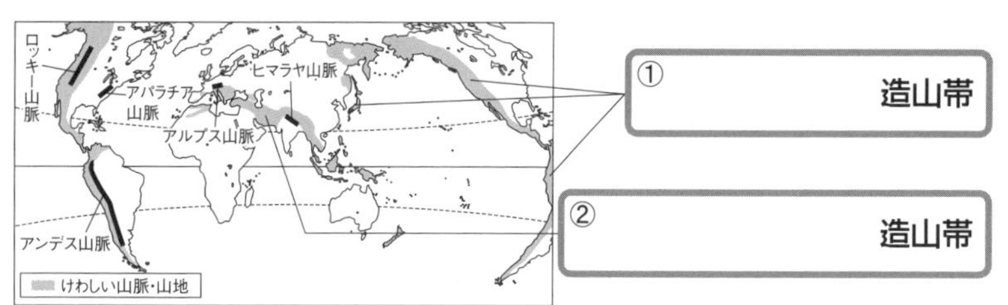

● 日本の山地…国土面積の約〔③　　　〕が山地・丘陵地。

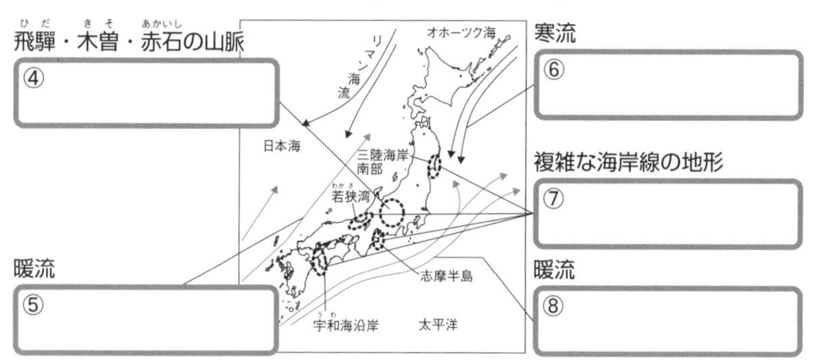

● 日本の気候…〔⑨　　　〕〔モンスーン〕の影響を受け，〔⑩　　〕の変化がはっきりしている。

● 5～7月ごろの〔⑪　　　〕と夏から秋にかけて日本を通過する〔⑫　　　〕の影響で，降水量が多い。

● 日本の自然災害…〔⑬　　　〕の噴火。地震と，地震の震源が海底の場合におこる〔⑭　　　〕。台風のときの高潮など。

● 〔⑮　　　　〕…自然災害がおこりやすい場所や避難所などを記した地図。

2 日本の人口

▼日本の人口ピラミッド　（2020/21年版「日本国勢図会」ほか）

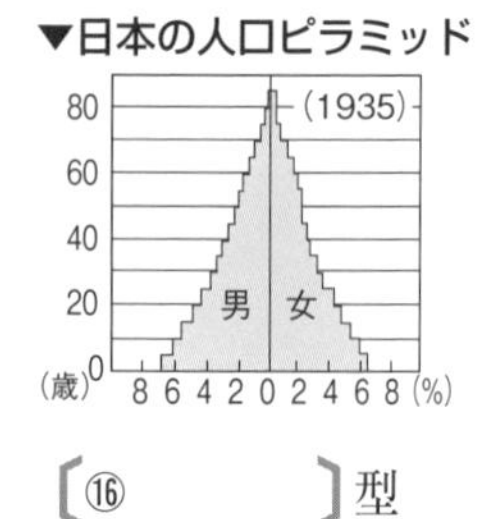

〔⑯　　　〕型

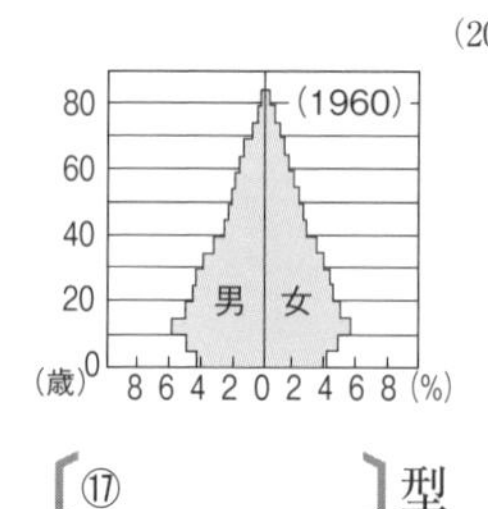

〔⑰　　　〕型

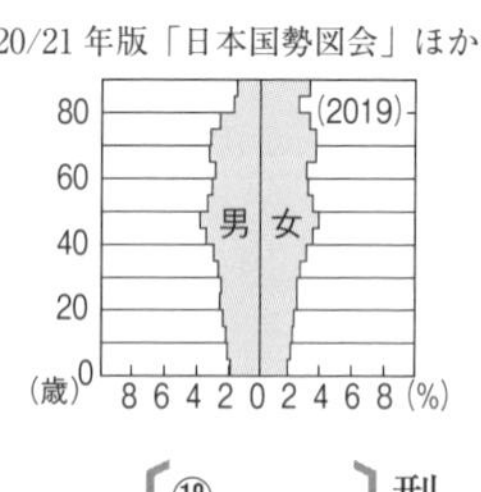

〔⑱　　　〕型

日本の自然

資料 扇状地と三角州

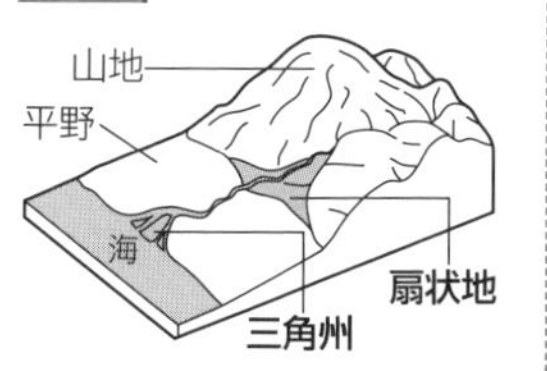

川が山地から出るところに扇状地，河口付近に三角州をつくる。

資料 日本の気候グラフ

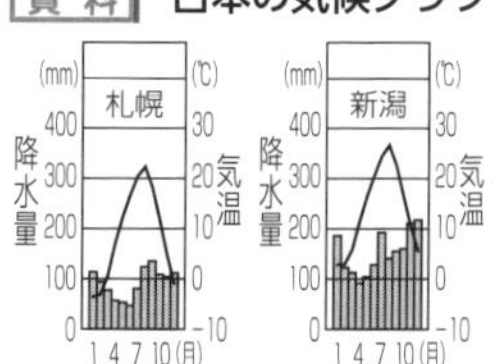

▲北海道の気候　冬の寒さが厳しい。
▲日本海側の気候　冬の降水量が多い。

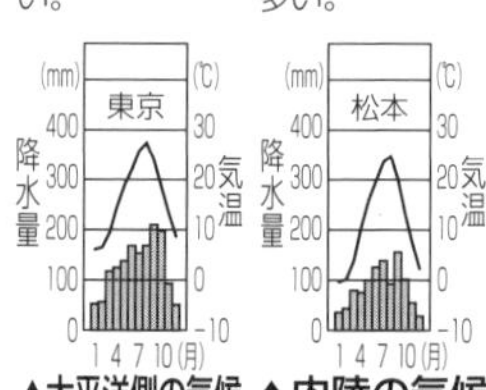

▲太平洋側の気候　夏は蒸し暑く冬は乾燥。
▲内陸の気候　夏と冬の気温差が大きい。

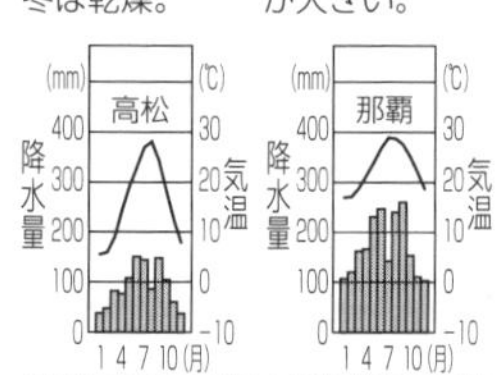

▲瀬戸内の気候　温和で降水量が少ない。
▲南西諸島の気候　温暖で降水量が多い。

（「理科年表2021」）

日本の人口

知っトク　人口分布

過密…人口が過度に集中した状態。

過疎…人口が減りすぎて，社会の維持が困難な状態。

- 出生数が減り高齢者(こうれいしゃ)が増えた結果，〔⑲　　　　〕化が進行した。
- 東京・大阪・名古屋の〔⑳　　　　　　〕に人口が集中。

3 日本の資源・エネルギー・産業

- 〔㉑　　　　　〕…石油・石炭・天然ガスを燃焼して発電。地球温暖化の原因となる二酸化炭素を多く排出。
- 〔㉒　　　　　　〕…ウランを燃焼して発電。日本では，東日本大震災（2011 年）にともなう事故が原因で，割合が低下。
- 〔㉓　　　　　〕エネルギー…太陽光，風力，地熱など。

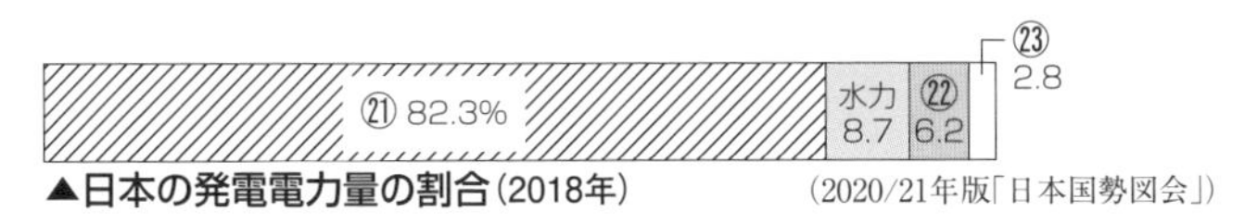

▲日本の発電電力量の割合（2018年）　（2020/21年版「日本国勢図会」）

- 〔㉔　　　　　〕…高知平野・宮崎平野などで行われている，なすやピーマンなどを栽培し，出荷時期を早めて出荷する農業。
- 〔㉕　　　　　〕…高冷地でレタス，キャベツなどの高原野菜を栽培し，時期を遅らせて出荷する農業。
- 〔㉖　　　　　〕…大都市の周辺で野菜などを栽培する農業。
- 育てる漁業…人工的にふ化させたあと，網(あみ)で仕切った海などで大きくなるまで育ててとる〔㉗　　　　　〕と，川や海に放流し，大きくなってからとる〔㉘　　　　　〕がある。

▼日本の工業地帯・工業地域

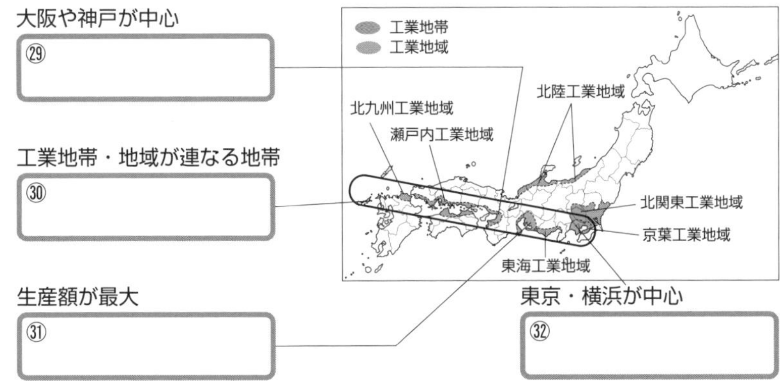

4 日本の交通・通信

- 〔㉝　　　　〕貿易…原料を輸入し，工業製品を輸出する貿易。かつて，日本の工業の発展をささえた。
- 日本の運輸…鉄道は〔㉞　　　　　〕，自動車は〔㉟　　　　　〕の整備により，旅客や貨物の輸送が増えた。
- 〔㊱　　　　　〕が張りめぐらされ，インターネットが普及(ふきゅう)。

日本の資源・エネルギー・産業

資料 日本の食料自給率

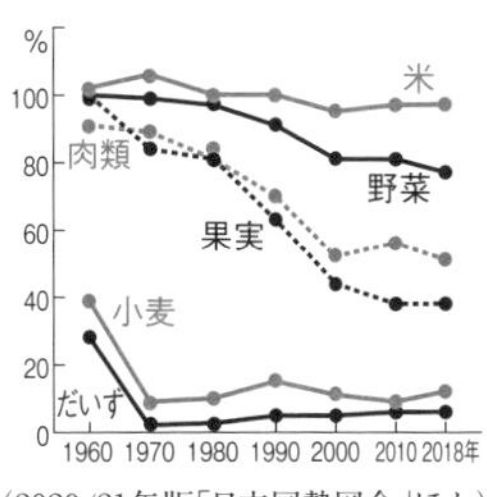

（2020/21年版「日本国勢図会」ほか）

資料 日本の漁業別漁獲量の変化

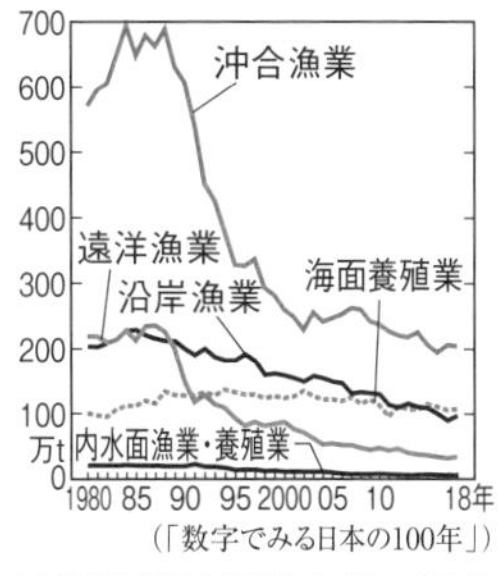

（「数字でみる日本の100年」）

遠洋漁業は経済水域の設定などで漁獲量が減少した。

知っトク 産業の分類

第一次産業	農業，林業，水産業
第二次産業	鉱業，工業，建設業など
第三次産業	商業，金融業，サービス業など

日本の交通・通信

資料 国内貨物・旅客輸送割合（2018 年度）

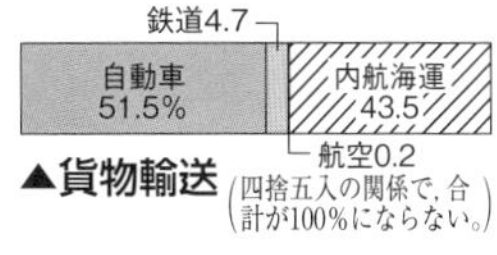

▲貨物輸送（四捨五入の関係で，合計が100%にならない。）

▲旅客輸送

（2020/21年版「日本国勢図会」）

くわしく 輸送手段の特色

航空	輸送時間が短い。小型・軽量の貨物と国際旅客の輸送に利用。
船	輸送時間が長い。重くてかさばる貨物の輸送に利用。

日本の地域的特色

基礎力確認テスト

解答➲別冊解答５ページ

1 日本の災害について述べた次の文中の［　　］に最もあてはまる語を，下の**ア**～**エ**から１つ選び，記号で答えなさい。また，図中の①～③の━━━が示す語の組み合わせとして正しいものを，下の**a**～**d**から１つ選び，記号で答えなさい。〈茨城〉［9点×2］

> 日本列島は，地殻変動がはげしい環太平洋造山帯に位置しているため，［　　］による災害が多い。

図　中部地方の山脈・山地

～は山脈・山地を示す
①
②
③

ア 台風　　**イ** 洪水　　**ウ** 地震　　**エ** 冷害　　（　　）

a ① 赤石山脈　② 飛驒山脈　③ 木曽山脈
b ① 飛驒山脈　② 赤石山脈　③ 木曽山脈
c ① 飛驒山脈　② 木曽山脈　③ 赤石山脈
d ① 木曽山脈　② 赤石山脈　③ 飛驒山脈　（　　）

2 次の問いに答えなさい。〈神奈川〉［9点×2］

⑴ 次のグラフは札幌（さっぽろ）市，富山市，横浜市，高松市の月ごとの平均気温と降水量をあらわしたものである。このうち富山市のものを，次の**ア**～**エ**から１つ選び，記号で答えなさい。

（　　）

ア
気温（℃）　降水量（mm）
30 25 20 15 10 5 0 −5
350 300 250 200 150 100 50 0
1 2 3 4 5 6 7 8 9 10 11 12（月）

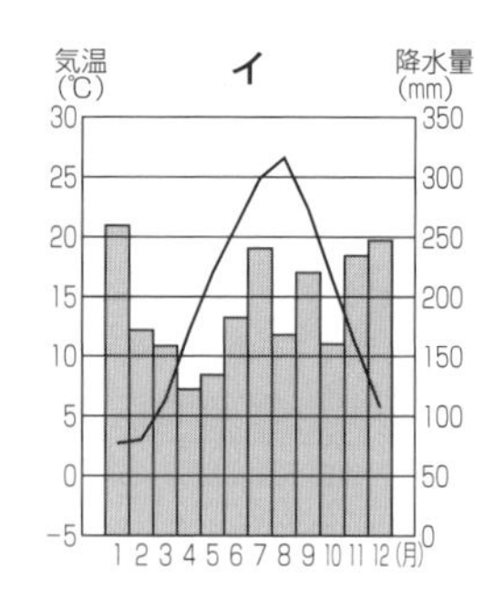

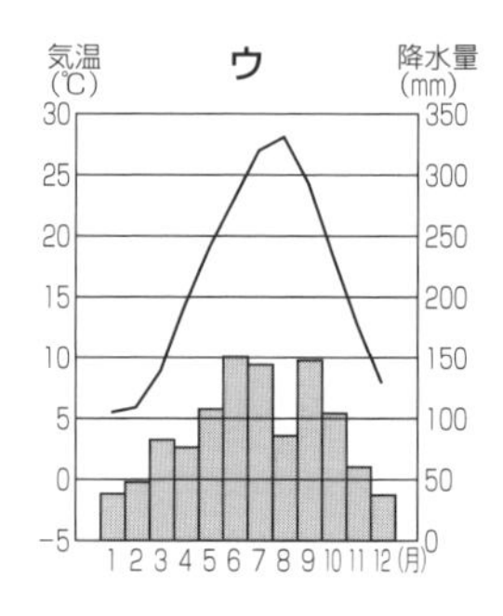

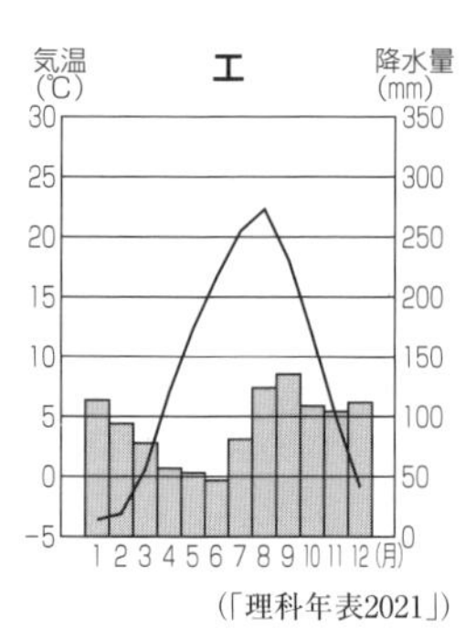

（「理科年表2021」）

⑵ 日本海を流れる暖流，寒流の組み合わせとして正しいものを，次から１つ選び，記号で答えなさい。　（　　）

ア 暖流：親潮（千島海流）　寒流：リマン海流
イ 暖流：リマン海流　寒流：親潮（千島海流）
ウ 暖流：対馬（つしま）海流　寒流：リマン海流
エ 暖流：リマン海流　寒流：対馬海流

3 右の略地図を見て，次の問いに答えなさい。〈鹿児島・改〉[(2)②は10点，他9点×4]

(1) 略地図中の太平洋ベルトとよばれる工業地域と九州地方のIC工場の立地について述べた次の文の［①］，［②］にあてはまることばの組み合わせとして，最も適当なものをあとの**ア**～**エ**から1つ選び，記号で答えなさい。（　　）

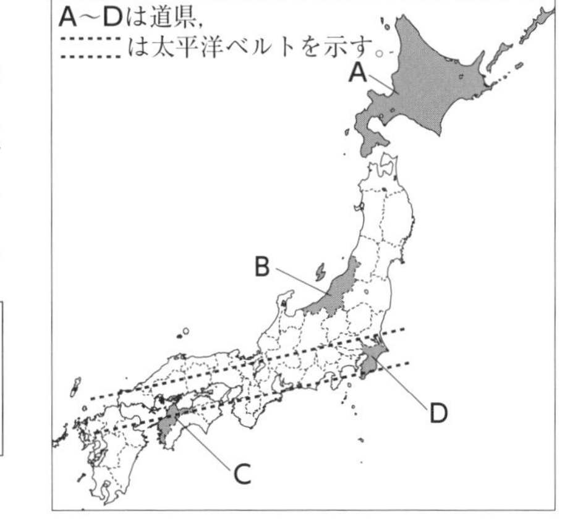

> 太平洋ベルトの工業地域は［①］に，九州地方のIC工場は［②］に多く立地する。

ア（①臨海部　②空港の近く）
イ（①臨海部　②港湾の近く）
ウ（①内陸部　②空港の近く）
エ（①内陸部　②港湾の近く）

(2) **表**は，略地図中の**A**～**D**の道県の統計資料である。次の①・②の問いに答えなさい。

① **表**のあ～うにあてはまる道県を，**A**～**C**の中からそれぞれ選び，記号で答えなさい。

あ（　　）　い（　　）　う（　　）

② **D**県の野菜の割合が高い理由を，輸送ということばを使って書きなさい。

（　　　　　　　　　　　　　　　　　　　　）

表

	農業総産出額（億円）	割合（%）			
		米	野菜	果実	畜産
あ	2,488	57.0	14.1	3.2	20.8
い	1,259	13.0	16.4	42.7	20.7
う	12,762	10.0	16.6	0.5	57.0
D	4,700	15.6	38.9	3.8	30.5

統計年次は2017年（2020年版「データでみる県勢」）

4 右の**資料**は，1980年と2018年の日本国内の貨物輸送量を，交通機関ごとに比較したもので，**ア**～**エ**は自動車，船舶，航空，鉄道のいずれかである。次の文章は，その中のある交通機関について説明したものである。文章が説明している交通機関を**資料**の**ア**～**エ**から1つ選び，記号で答えなさい。また，この交通機関は何か書きなさい。〈福井・改〉[9点×2]

資料

交通機関	1980年（百万トンキロ）	2018年（百万トンキロ）
ア	222,173	179,089
イ	178,901	212,110
ウ	37,428	19,369
エ	290	979

（2020/21年版「日本国勢図会」ほか）

記号（　　）　交通機関（　　　　）

> この交通機関による貨物輸送量は年々増加しており，4つの交通機関の中では，1980年と2018年の間で貨物輸送量の増加率が最も大きくなっている。
> この交通機関では，おもにICなどの電気部品や，魚介類，生花などが運ばれる。

日本の諸地域と身近な地域の調査

学習日　　月　　日

基礎問題

解答➡別冊解答6ページ

1 九州地方，中国・四国地方

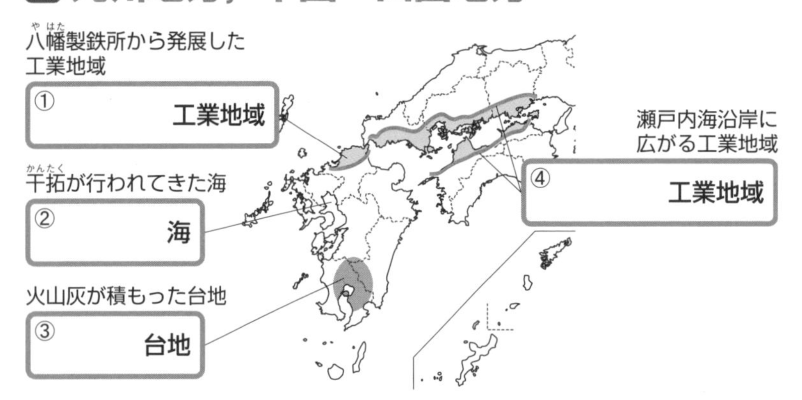

- 宮崎平野と高知平野…野菜の〔⑤　　　〕栽培がさかん。
- 沖縄島…〔⑥　　　〕軍の基地が広い面積を占める。
- 〔⑦　　　〕…四国と本州を結ぶ3つのルート。

2 近畿地方，中部地方，関東地方

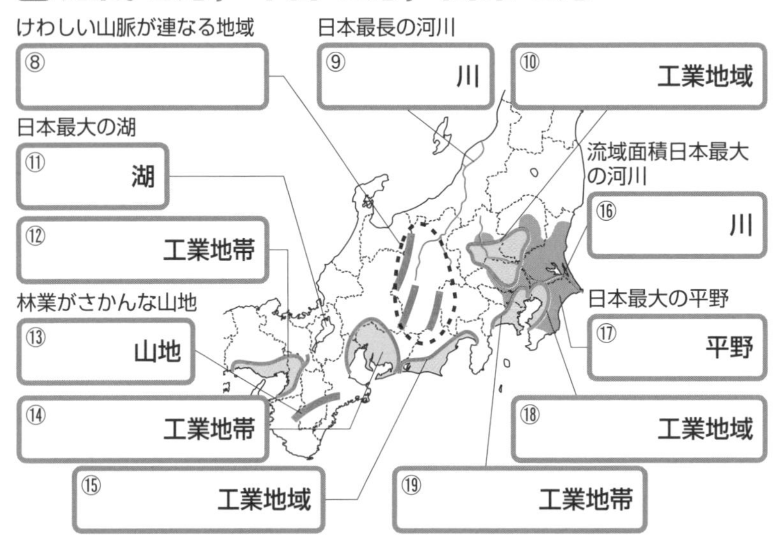

- 古都…かつて都があった〔⑳　　　〕市や奈良市には文化財が多い。
- 〔㉑　　　〕…西陣織や輪島塗，加賀友禅など。

九州地方，中国・四国地方

資料 豚と肉牛の飼育頭数割合（2019年）

▲豚

鹿児島	宮崎	北海道	群馬	千葉	その他
13.9%	9.1	7.6	6.9	6.6	55.9

▲肉牛

北海道	鹿児島	宮崎	熊本	岩手	その他
20.5%	13.5	10.0	5.0	3.5	47.5

（2020/21年版「日本国勢図会」）

くわしく 本州四国連絡橋

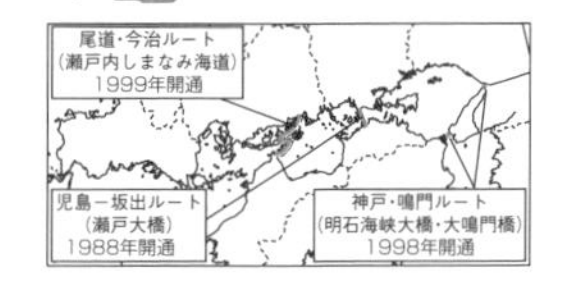

近畿地方，中部地方，関東地方

資料 おもな農産物の都道府県別生産量割合（2018年，茶は2019年）

▲キャベツ

群馬	愛知	千葉	茨城	鹿児島	その他
18.8%	16.7	8.5	7.5	5.2	43.3

▲レタス

長野	茨城	群馬	長崎	兵庫	その他
35.7%	15.3	7.9	5.8	4.9	30.4

▲ぶどう

山梨	長野	山形	岡山	福岡	その他
23.9%	17.8	9.2	8.8	4.2	36.1

▲もも

山梨	福島	長野	山形	和歌山	その他
34.8%	21.4	11.7	7.1	6.6	18.4

▲茶

静岡	鹿児島	三重	宮崎	その他
38.6%	36.6	7.7	4.6	12.5

（2020/21年版「日本国勢図会」）

キャベツは近郊農業，レタスは抑制栽培，果物は甲府盆地や長野盆地，茶は牧ノ原などで栽培される。

- 〔㉒　　　〕工業地帯…豊田の**自動車工業**。
- 静岡県の**牧ノ原**…〔㉓　　　〕の栽培がさかん。
- 山梨県の**甲府盆地**…〔㉔　　　〕やももの栽培がさかん。
- **越後平野**…コシヒカリなどの〔㉕　　　〕の栽培がさかん。
- 〔㉖　　　〕…東京の過密を解消するために郊外の多摩などにつくられた住宅を中心とした都市。
- 〔㉗　　　〕工業地帯…東京都・神奈川県。**印刷業**。
- 〔㉘　　　〕工業地域…千葉県の東京湾岸に立地。**鉄鋼・化学工業**。
- 〔㉙　　　〕工業地域…栃木・群馬・埼玉に立地。工業団地。

3 東北地方，北海道地方

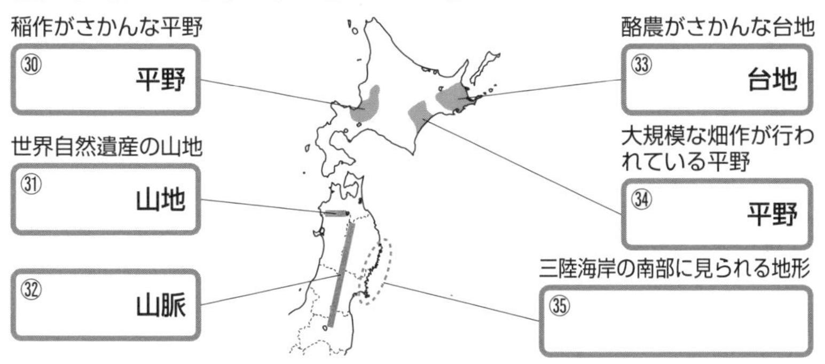

- 〔㊱　　　〕…**東北地方**の生産量が全国の約 4 分の 1 をしめる。
- 果実…**津軽平野**で〔㊲　　　〕，**山形盆地**で〔㊳　　　〕。
- 水産業…わかめやほたて貝などの〔㊴　　　〕漁業。
- 〔㊵　　　〕の人々…独自の文化をもつ**北海道の先住民族**。

4 身近な地域の調査

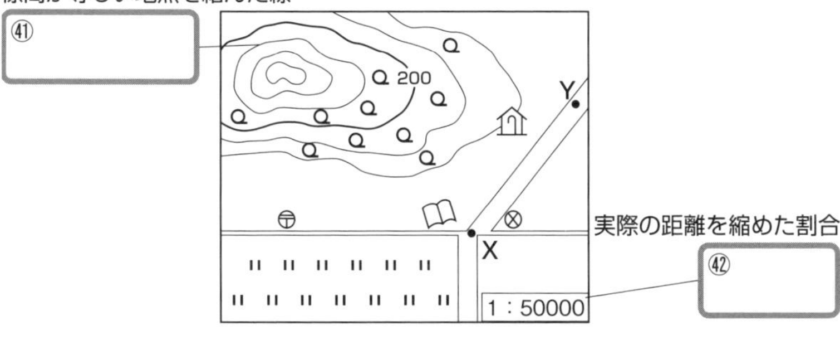

- **実際の距離＝(地図上の長さ)×(縮尺の分母)**。上の地図で 2cm ある X－Y の地点間の実際の距離は，〔㊸　　　〕cm×50000＝〔㊹　　　〕cm＝〔㊺　　　〕m。

くわしく 地方中枢都市

地方の政治・経済の中心都市。北海道地方の**札幌**，東北地方の**仙台**，中国・四国地方の**広島**，九州地方の**福岡**。

東北地方，北海道地方

資料 おもな農産物の生産量割合

東北	中部	関東	九州	中国・四国	近畿	北海道	
28.8%	21.5	15.3	9.5	9.0	8.3	7.6	

▲米(2019年)

青森	長野	岩手	山形	福島	その他
58.9%	18.8	6.3	5.5	3.4	7.1

▲りんご(2018年)

山形	山梨	その他
78.5%	6.0	15.5

▲さくらんぼ〔おうとう〕(2018年)

北海道	長崎	鹿児島	その他
77.1%	4.1	4.3	14.5

▲じゃがいも(2018年)

(2020/21年版「日本国勢図会」)

米は日本の穀倉地帯である**東北地方**，**じゃがいも**は大規模な畑作がさかんな**北海道**，**りんご**や**さくらんぼ**は東北地方で栽培がさかん。

身近な地域の調査

くわしく おもな地図記号

◎	市役所(東京都の区役所)
文	小・中学校
㊫	高等学校
☼	工場
⚡	発電所
⛩	神社
卍	寺院
⊕	病院
⊗	警察署
〒	郵便局
‥	田
⌄	畑
♁	果樹園
Q	広葉樹林
Λ	針葉樹林

注意! 等高線の種類

等高線の種類	2万5千分の1	5万分の1
主曲線 ―	10mごと	20mごと
計曲線 ━	50mごと	100mごと

日本の諸地域と身近な地域の調査

得点 ／100点

基礎力確認テスト

解答➡別冊解答6ページ

1 良太さんは，山梨県出身の建築家内藤多仲(ないとうたちゅう)が，山梨県庁の他，右の表の塔を設計したことを知り，これらの塔が立つ六つの都道府県について調べた。これに関する次の(1)～(4)の問いに答えなさい。〈山梨・改〉[10点×4]

塔の名前	所在地
名古屋テレビ塔	愛知県
通天閣	大阪府
別府タワー	大分県
さっぽろテレビ塔	北海道
東京タワー	東京都
博多ポートタワー	福岡県

(1) 良太さんは日本地図を開き，表中の六つの塔の所在地を確認した。このとき，日本標準時子午線と山梨県庁を通る経線との間に立つ塔の数を書きなさい。（　　）

(2) 次の**資料1，2**は，東京都と大阪府の中央卸売市場における，ほうれんそうの都道府県別入荷量の割合を表している。これらのグラフには，野菜の生産における大消費地と生産地との間にある，共通の特色が表れている。この共通の特色をもった農業を何というか，書きなさい。

（　　　　　）

資料1　東京都中央卸売市場での割合

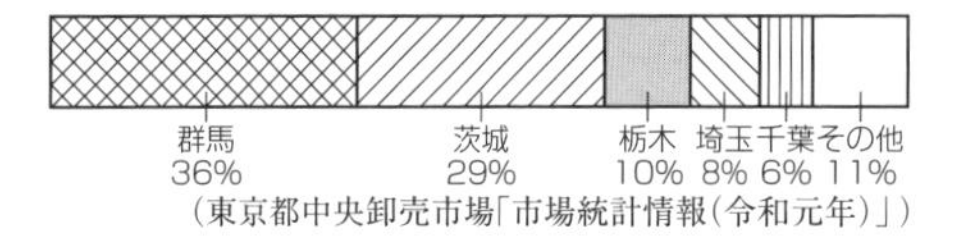

（東京都中央卸売市場「市場統計情報(令和元年)」）

資料2　大阪府中央卸売市場での割合

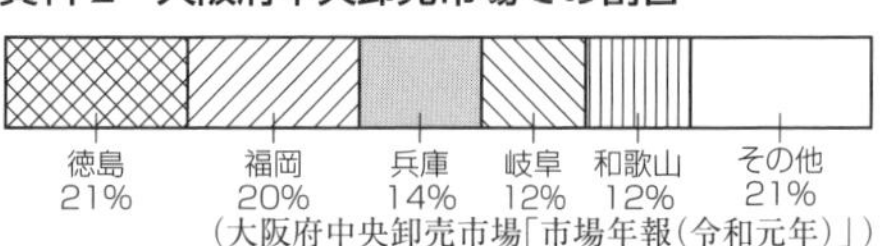

（大阪府中央卸売市場「市場年報(令和元年)」）

(3) 良太さんは，山梨県と六つの都道府県の人口や面積などについて調べ，右の表にまとめた。**エ**に当てはまる都道府県の名前を書きなさい。（　　　　　）

項目	人口（万人）2018年	面積（km^2）2018年	農業生産額（億円）2017年	製造品出荷額（億円）2017年
山梨県	82	4465	940	25564
ア	754	5173	3232	472303
イ	114	6341	1273	41094
ウ	529	83424	12762	62126
エ	511	4987	2194	98040
オ	1382	2194	274	79116
カ	881	1905	357	173490

（2020年版「データでみる県勢」）

(4) 良太さんは，六つの都道府県についてさらに調べ，まとめようとしている。その目的に対して方法が適切なものはどれか，次の**ア**～**エ**から1つ選び，記号で答えなさい。（　　）

ア ある年の全国の工業出荷額にしめる各都道府県の割合を示すために，折れ線グラフを用いる。

イ 各都道府県庁所在地の緯度と経度を調べるために，距離と方位が正しい地図を用いる。

ウ 各都道府県の年齢別人口構成の特徴をとらえるために，それぞれの人口ピラミッドをかく。

エ 各都道府県の産業別人口の割合を知るために工場の数を調べる。

2 次の問いに答えなさい。〈大分・改〉［12点×5］

(1) 右の円グラフは，ある農産物の都道府県別収穫量の割合（2019 年）を表したものである。この農産物の名称を書きなさい。また，**A**の県名を漢字で書きなさい。なお，グラフ中の**A**，**B**，**C**は，**地図１**中の**A**，**B**，**C**の県と同じである。　　農産物（　　　　　　　）　県名（　　　　　　　）

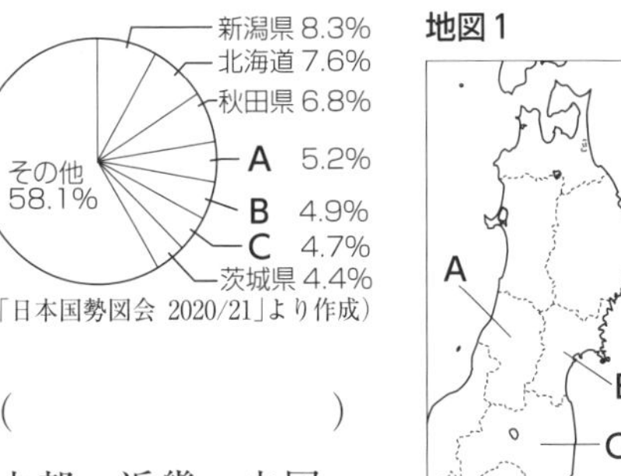

（「日本国勢図会 2020/21」より作成）

(2) 右下の**表**は，７つの地方（北海道，東北，関東，中部，近畿，中国・四国，九州）別に，全国に占める人口，面積，漁獲量，工業製品出荷額のそれぞれの割合を示したものである。漁獲量に当てはまるものを，表中の**ア**～**エ**から１つ選び，記号で答えなさい。　　（　　）

表　各地方が全国に占める割合（%）（2017 年）

	北海道	東北	関東	中部	近畿	中国・四国	九州
ア	22.7	12.3	15.0	11.5	7.4	13.0	18.1
イ	1.9	5.7	25.7	28.8	19.3	10.9	7.7
ウ	21.0	17.9	8.7	17.9	8.9	13.6	11.9
エ	4.2	7.0	34.1	16.9	17.7	8.8	11.3

（2020/21 年版「日本国勢図会」ほか）

(3) 次の文は，同じ特色をもつ都市についてまとめたものである。①，②の問いに答えなさい。

札幌市，仙台市，広島市，福岡市など，三大都市圏以外にあって，それぞれの地方の政治や経済の中心になっている都市は，中央官庁の出先機関や大企業の支社，支店などが置かれ，中央と地方を結ぶ役割を果たしている。このような都市は，（　　）都市とよばれている。

① 文中の（　　）に当てはまる語句を書きなさい。　　（　　　　　）

② 文中の波線部〰〰について，**地図２**は，札幌市内を表した２万５千分の１の地形図の一部である。**地図２**から読み取れる内容について述べた次の文中の下線部が正しいものを，**ア**～**エ**から１つ選び，記号で答えなさい。　　（　　）

ア 藻岩山の山頂からみて，平地にある郵政研修所は，<u>北西</u>の方位に位置している。

イ 藻岩山の山頂から平和塔にかけて広がる藻岩原始林のほとんどは，<u>針葉樹林</u>である。

ウ ロープウェイのさんろく駅とさんちょう駅間の標高の差は，<u>350 m 以上</u>ある。

エ さんろく駅とさんちょう駅間は地図上で 5cm なので，その距離は，<u>2500m</u> である。

地図２

（国土地理院発行の地形図「札幌」より作成）

古代までの日本と世界

学習日　　月　　日

基礎問題

解答➡別冊解答7ページ

1 文明のおこり

- 人類の出現と進化…猿人→原人→〔①　　　〕。
- 旧石器時代…〔②　　　〕石器を使用。
- 〔③　　　〕時代…磨製石器を使用。農耕・牧畜の開始。
- 古代文明…大きな川の流域で古代文明→国家の成立。

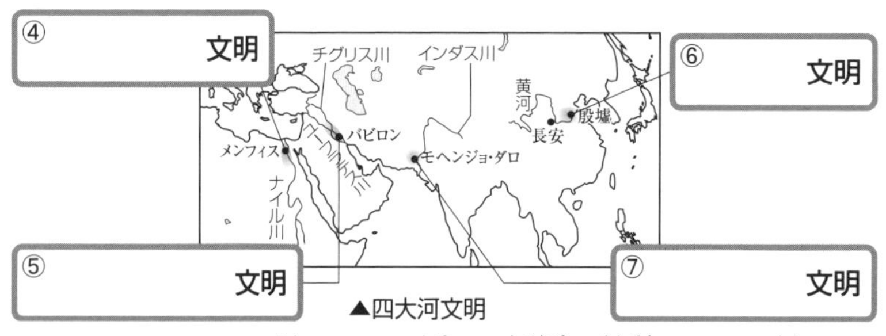

▲四大河文明

- 中国の古代文明…殷の成立→周→（春秋・戦国時代）→秦の〔⑧　　　〕が統一→漢が統一，シルクロード〔絹の道〕で東西交流。

2 日本の成り立ち

- 日本の旧石器時代…大型の動物の狩猟。移動生活。

縄文時代		弥生時代
約1万年前～紀元前4世紀ごろ	時期	紀元前4世紀～紀元後3世紀ごろ
〔⑨　　　〕土器	土器	〔⑩　　　〕土器
磨製石器	道具	磨製石器，銅鐸などの金属器
たて穴住居，土偶 貝塚ができる	人々の生活など	稲作の広まり 高床の倉庫，低地に定住

▲縄文時代と弥生時代

- 邪馬台国…女王〔⑪　　　〕が魏に使いを送る。
- 古墳時代…近畿地方を中心に前方後円墳→大和政権が成立。
  - 〔⑫　　　〕…大陸の進んだ文化や技術を伝える。

3 律令国家の成立

- 中国の動き…隋ののちに〔⑬　　　〕が成立→律令制。

文明のおこり

くわしく 古代の文字
エジプト文明　象形文字
メソポタミア文明　くさび形文字
インダス文明　インダス文字
中国文明（殷）　甲骨文字

くわしく 宗教の誕生
- 仏教…紀元前6世紀にインドでシャカ〔釈迦〕が開く。
- キリスト教…紀元前後にパレスチナに生まれたイエスの教えをもとに成立。
- イスラム教…7世紀はじめにアラビア半島でムハンマドが説く。

日本の成り立ち

参考 日本の古代の遺跡

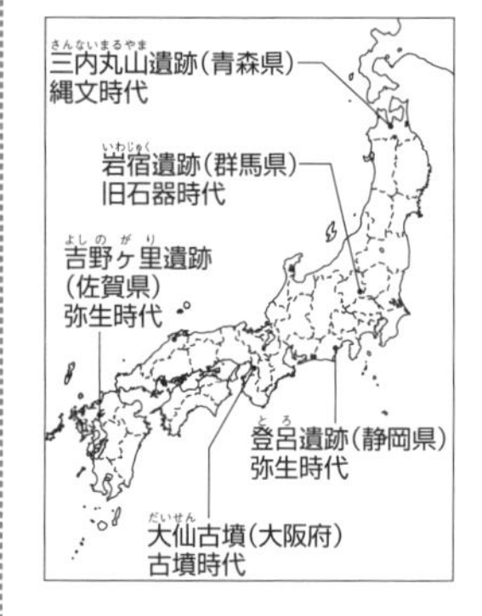

参考 前方後円墳

円形と四角形を組み合わせている。

● 〔⑭　　　　　〕の政治…推古天皇の摂政。蘇我馬子が協力。
- 〔⑮　　　　　〕…有能な人材を登用。
- 〔⑯　　　　　〕…役人の心がまえを示す。
- 〔⑰　　　　　〕…小野妹子らを使節として派遣する。
- 飛鳥文化…仏教をあつく信じ，〔⑱　　　　　〕を建てる。

● 〔⑲　　　　　〕…中大兄皇子らが始めた政治の改革。
- 〔⑳　　　　　〕…全国の土地や人民を朝廷が支配。

● 〔㉑　　　　　〕…天智天皇のあとつぎ争い→天武天皇が即位。
● 〔㉒　　　　　〕…701年，唐の律令にならって制定。

4 奈良時代

● 〔㉓　　　　　〕…唐の都長安にならった奈良の都。碁盤の目のように区画。和同開珎などの貨幣の発行→東西の市で使用。

● 農民の生活
- 〔㉔　　　　　〕…戸籍にもとづいて6歳以上の男女に口分田をあたえる。
- 〔㉕　　　　　〕…開墾の奨励→荘園の増加。

〔㉖　　〕	収穫の3%の稲
〔㉗　　〕	地方の特産物
庸	労役のかわりに布
雑徭	国司のもとで労働
兵役	成年男子は兵士に。〔㉘　　〕は北九州の警備につく

● 遣唐使…たびたび派遣。鑑真は来日して唐招提寺を開く。
● 〔㉙　　　　　〕文化…聖武天皇のころの仏教文化。
- 聖武天皇…国ごとに〔㉚　　　　　〕・国分尼寺，東大寺に大仏。
- 東大寺の〔㉛　　　　　〕…聖武天皇の遺品などを保管。

5 平安時代

● 平安京…〔㉜　　　　　〕天皇が律令政治の立て直しをはかる。
● 東北地方の支配…征夷大将軍の〔㉝　　　　　〕が遠征。
● 新しい仏教…唐から帰国した最澄と〔㉞　　　　　〕が伝える。
● 〔㉟　　　　　〕政治…藤原氏が，天皇が幼少時は摂政，成人後は関白として行う。〔㊱　　　　　〕・頼通のころに最盛。
● 〔㊲　　　　　〕文化…遣唐使の停止→日本の自然や風俗に合った文化が生まれる。

文学 ↓ 仮名文字の発明	『古今和歌集』…紀貫之ら 『源氏物語』…〔㊳　　　　　〕 『枕草子』…〔㊴　　　　　〕
建築	〔㊵　　　　　〕…貴族の邸宅
絵画	大和絵…日本の自然を描く

● 〔㊶　　　　　〕信仰…念仏を唱え，極楽浄土への生まれ変わりを願う。平等院鳳凰堂。

律令国家の成立

資料 十七条の憲法

> 一に曰く，和をもって貴しとなし，さからうことなきを宗とせよ。
> 二に曰く，あつく三宝を敬え。三宝とは仏・法・僧なり。
> 三に曰く，詔をうけたまわりては必ずつつしめ。
> （一部要約）

参考 皇室の系図

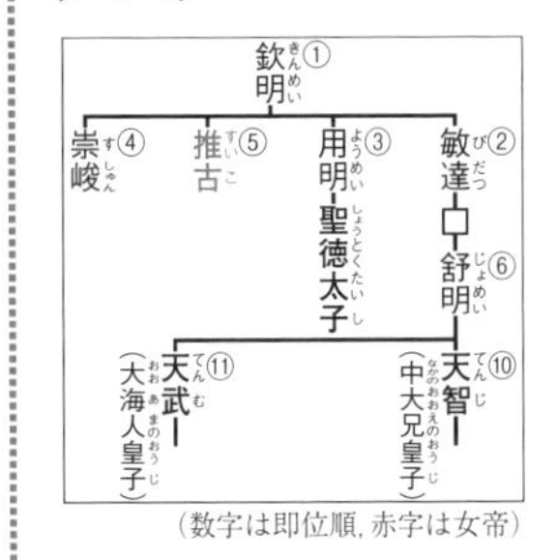

（数字は即位順，赤字は女帝）

奈良時代

くわしく 律令政治のしくみ

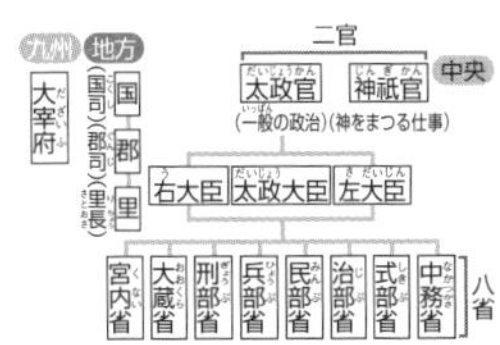

注意！ 奈良時代の文化

歴史書…『古事記』と『日本書紀』。
地理書…自然・産物・伝説などをまとめた『風土記』。
和歌集…農民・防人の歌などもおさめた『万葉集』。

平安時代

くわしく 新しい仏教

- 天台宗…比叡山延暦寺を建てた最澄が広める。
- 真言宗…高野山金剛峯寺を建てた空海が広める。

古代までの日本と世界

得点 ／100点

基礎力確認テスト

解答➡別冊解答7ページ

1 次の問いに答えなさい。[9点×2]

(1) 中国文明について，右の資料は，漢字のもととなった甲骨文字が刻まれた牛の骨である。黄河流域におこり，甲骨文字がつくられた国の名称は何か，次から1つ選び，記号で答えなさい。〈三重〉

ア 殷　**イ** 秦　**ウ** 漢　**エ** 隋　（　　）

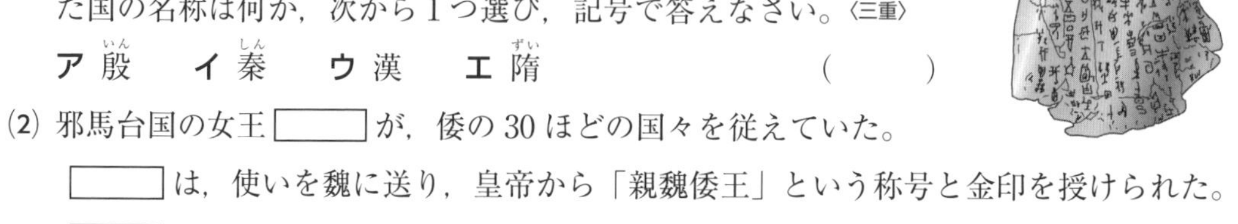

(2) 邪馬台国の女王［　　］が，倭の30ほどの国々を従えていた。［　　］は，使いを魏に送り，皇帝から「親魏倭王」という称号と金印を授けられた。［　　］にあてはまる人物名を書きなさい。〈埼玉〉　（　　　　）

2 右の写真を見て，次の問いに答えなさい。〈鹿児島〉[9点×3]

全長が486mある世界最大級の墓

(1) このような形をした巨大古墳が，最も多くみられる地方を，次から1つ選び，記号で答えなさい。

ア 東北地方　**イ** 近畿地方　（　　）
ウ 関東地方　**エ** 九州地方

(2) このような形をした巨大古墳と最も関係の深いものを，次から1つ選び，記号で答えなさい。（　　）

ア 貝塚　**イ** 土偶
ウ 銅鐸　**エ** はにわ

(3) 古墳がつくられたころに，朝鮮半島から日本に移り住んで，土木・はた織りなどのすぐれた技術や漢字・仏教などを伝えた人々を何というか。（　　　　）

3 パネルⅠ～Ⅲについて，次の問いに答えなさい。〈大分・改〉[9点×3]

(1) **パネルⅠ**に関連して，この仏像がつくられたころの外国との交流は何か。最も適当なものを，次から1つ選び，記号で答えなさい。（　　）

パネルⅠ

釈迦三尊像

現存する世界最古の木造建築物である法隆寺に残されている仏像で，中国の影響を受けている。

パネルⅡ

銅鐸

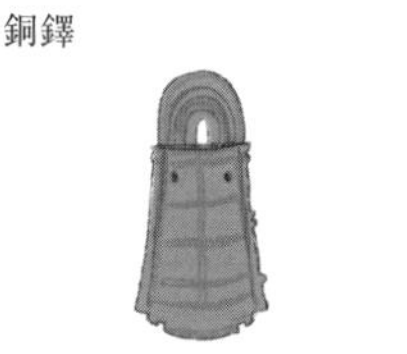

青銅製で主に祭の道具であった。なかには，人々の生活が描かれているものもある。

パネルⅢ

寝殿造

周囲をへいで囲み，敷地の中央に寝殿がつくられた。南側の庭園には，池がある。

ア 勘合貿易　**イ** 南蛮貿易
ウ 遣隋使　**エ** 朝鮮通信使

(2) **パネルⅡ**に関連して，銅鐸がつくられたころの食生活として，最も適当なものを，次から1つ選び，記号で答えなさい。 (　　)

ア 稲作が急速に九州から東日本まで広まり，米を食べるようになった。

イ 肉食が流行して，パンや牛乳なども普及するようになった。

ウ 木の実などを採集し，ナウマン象などの動物も狩り，食べていた。

エ しょうゆなどで味つけされる，和風の食事ができあがった。

(3) **パネルⅢ**に関連して，このような様式の建物がつくられ，国風文化が栄えたころのできごととして最も適当なものを，次から1つ選び，記号で答えなさい。 (　　)

ア 北条泰時が御成敗式目を制定した。

イ 後醍醐天皇が建武の新政を始めた。

ウ 聖武天皇が仏教の力で国を守ろうとした。

エ 藤原道長が摂政となり，実権をにぎった。

4 推古天皇のもとで摂政として蘇我氏と協力して政治を行った聖徳太子は，役人の心構えを示す**資料**の法令を定めたが，これは何といわれるものか，答えなさい。〈鳥取・改〉[9点]

(　　　　　　)

資料

一に曰く，和をもって貴しとなし，さからふことなきを宗とせよ。(和をとうとび，争うことのないよう心がけなさい。)
二に曰く，あつく三宝を敬へ。三宝とは仏・法・僧なり。(あつく仏教をうやまいなさい。)

5 右のカードを見て，次の問いに答えなさい。〈三重〉[(1) 9点, (2) 10点]

奈良時代	農民に租・調・庸などの税が課せられた。……………………………① 貴族や寺社などが，農民を使ってさかんに開墾を進めた。………②

(1) カードの①について，当時の人々には，こうした税のほか，兵役の義務が課せられていた。兵役につく者のうち，九州北部の防衛のために送られた兵士を何というか。最も適当なものを，次から1つ選び，記号で答えなさい。 (　　)

ア 守護　**イ** 防人　**ウ** 郡司　**エ** 国司

(2) カードの②について，貴族や寺院などが開墾を進めたきっかけの一つとして743年に制定された墾田永年私財法があげられる。墾田永年私財法では，どのようなことが定められたのか，「私有」ということばを用いて書きなさい。

(　　　　　　　　　　)

1日目 2日目 3日目 4日目 5日目 6日目 7日目 8日目 9日目 10日目

7日目 中世の日本と世界

学習日　　月　　日

基礎問題

解答➡別冊解答8ページ

1 武士の成長と平氏の政権

- 武士の成長…〔①　　　　　〕や**藤原純友**の反乱をしずめる。
- 〔②　　　　　〕…**白河上皇**が始めた政治。院に**荘園**の寄進が集中。
- 平氏の政権…〔③　　　　　〕が武士としてはじめて**太政大臣**になる。兵庫の港を修築して，〔④　　　〕と貿易を行う。

2 鎌倉幕府の成立と元寇

- 源平の争乱…**源頼朝**の弟の**義経**が**壇ノ浦**で平氏をほろぼす。
- 鎌倉幕府の成立…頼朝は**守護**と〔⑤　　　　　〕を置き，**征夷大将軍**に任じられて幕府を開く。**将軍**と**御家人**は〔⑥　　　　〕と**奉公**の関係。

将軍―執権―
- 中央：侍所（御家人の統率）
- 中央：政所（財政など）
- 中央：問注所（裁判）
- ⑧（朝廷の監視）
- 地方：守護（軍事・警察）
- 地方：⑤（荘園・公領の管理）

▲鎌倉幕府のしくみ

- 執権政治の確立…**後鳥羽上皇**が〔⑦　　　　〕の乱をおこす→幕府の勝利→幕府は京都に〔⑧　　　　　　　　〕を設置。
  - ・〔⑨　　　　　　　　〕〔貞永式目〕…**北条泰時**が制定した武家法。
- 農業の発達…米と麦の〔⑩　　　　　〕が広まる。牛馬の利用。
- **鎌倉文化**…貴族の文化とともに素朴で力強い武士の文化が発達。
- 新しい仏教…**法然**の弟子**親鸞**が〔⑬　　　　〕を開く。**宋**から〔⑭　　　　〕が伝わる。

文学	藤原定家らの『**新古今和歌集**』 軍記物の『〔⑪　　　　　〕』
建築	新しい様式の**東大寺南大門**
彫刻	**運慶**らが〔⑫　　　　　　〕を製作
仏教	念仏…**浄土宗**・〔⑬〕・**時宗** 法華経の題目…日蓮の**日蓮宗**〔法華宗〕 〔⑭〕…栄西の**臨済宗**，道元の**曹洞宗**

- 〔⑮　　　　〕…**元**の皇帝となった〔⑯　　　　　　〕が２度にわたって日本に侵攻。集団戦法と火器によって日本軍を苦しめた。
- 〔⑰　　　　　　〕…御家人の借金を帳消しにする→効果なし。
- 幕府の滅亡…〔⑱　　　　　　　　　〕天皇に**足利尊氏**らが協力。

武士の成長と平氏の政権

参考　武士の成長と戦乱

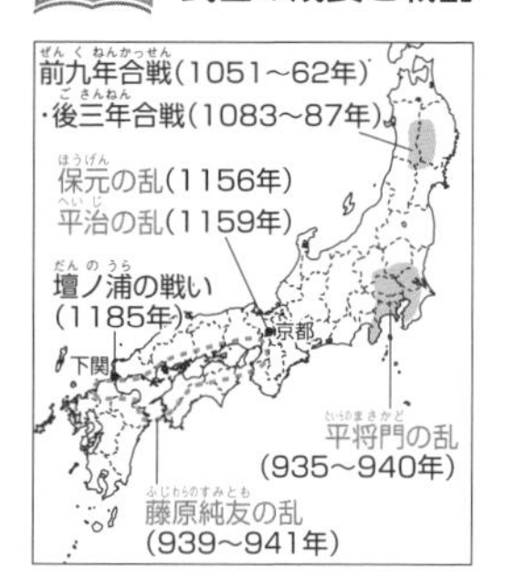

鎌倉幕府の成立と元寇

くわしく　将軍と御家人の関係

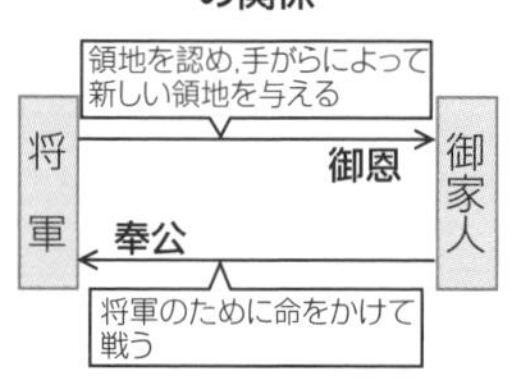

資料　御成敗式目

一　諸国の守護の職務は，頼朝公の時代に定められたように，京都の御所の警備と，謀反や殺人などの犯罪人の取りしまりに限る。（一部要約）

御成敗式目は武士社会の慣習などをもとに制定された。

3 南北朝の動乱と室町幕府

- 〔⑲　　　〕の新政…〔⑱〕天皇が天皇中心の政治を開始。公家重視の政治に対して武士の不満が高まる。
- 〔⑳　　　〕の挙兵→京都に天皇を立て，征夷大将軍に任じられる→〔⑱〕天皇は吉野に移る→**南北朝**の対立。
  - ・〔㉑　　　〕…守護が国内の武士をまとめ，独自の支配。
- **室町幕府**…〔㉒　　　〕が幕府を室町に移し，南北朝を統一。
- 東アジアの動き…中国で**明**が建国。李成桂が**朝鮮国**を建てる。
  - ・〔㉓　　　〕王国は**中継貿易**で繁栄。北海道では**アイヌ民族**が交易。
  - ・〔㉔　　　〕…中国・朝鮮の沿岸で海賊活動をはたらく。
  - ・〔㉕　　　〕貿易…正式な貿易船に〔㉕〕を交付し，明と貿易。

4 民衆の成長と室町文化

- 産業の発達…農業の発展→諸産業が発達。

農業	水車の利用，綿の栽培
手工業	各地で特産物を生産
商業	・〔㉗　　　〕…輸送業 ・**問**〔**問丸**〕…倉庫・輸送業 ・**土倉**・**酒屋**…金融業

- 〔㉖　　　〕…開かれる回数が増え，取り引きに中国から輸入した銅銭を使用。
- 〔㉘　　　〕…商工業者の同業組合。営業の独占をはかる。
- 村の自治…〔㉙　　　〕とよばれる自治組織ができる。
  - ・〔㉚　　　〕…団結した農民が領主や大名に抵抗。
  - ・**山城国一揆**…武士と農民が**守護大名**を追いはらう。
  - ・加賀の〔㉛　　　〕…**守護大名**をたおして自治。
- 都市の発達…**博多**・**堺**・**京都**などでは**寄合**による自治。
  - ・京都…〔㉜　　　〕とよばれる豊かな商工業者が自治。
- 〔㉝　　　〕の乱…**足利義政**の後継争いなどからおこる。
  - ・〔㉞　　　〕…身分が下の者が実力で上の者をたおす風潮。
- 〔㉟　　　〕…〔㉞〕の風潮の中から台頭した大名。城下町を建設したり，独自の法律の〔㊱　　　〕を定めたりした。
- **室町文化**…**足利義満**は〔㊲　　　〕，**義政**は〔㊳　　　〕を建てる。義政のころに〔㊴　　　〕文化が発達。民衆へも広がる。

義満のころ	・京都の北山に〔㊲〕を建設 ・**能**…観阿弥・世阿弥が大成
義政のころ	・京都の東山に〔㊳〕を建設 〔㊵　　　〕…たたみをしき，床の間を設ける ・**水墨画**…雪舟が大成
民衆の文化	・**狂言**…能の合間に演じる ・〔㊶　　　〕…絵入りの物語

南北朝の動乱と室町幕府

参考 室町幕府のしくみ

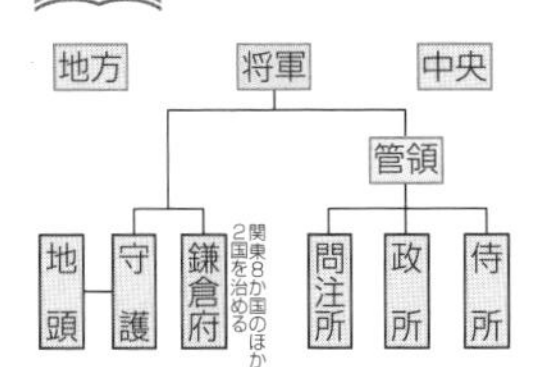

注意! 中国の動き

宋…漢民族の国。朱子学や禅宗，水墨画が発達。
元…モンゴル民族の国。東西交流がさかんになる。
明…漢民族の国。日本と勘合貿易を行う。

民衆の成長と室町文化

くわしく 民衆の成長

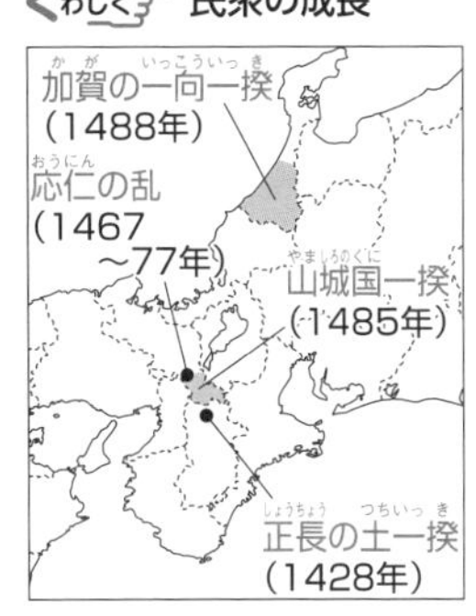

資料 分国法〔家法〕

武田氏
一　けんかをした者は，いかなる理由によるものでも処罰する。
一　許可を得ないで他国へおくり物や手紙を送ることはいっさい禁止する。
（甲州法度之次第）

参考 書院造

▲東求堂同仁斎

中世の日本と世界

得点 ／100点

基礎力確認テスト

解答➡別冊解答8ページ

1 博さんたちは，社会科の授業で和歌山県立博物館に行き，調べたことをまとめて発表した。次の文はその一部である。これを読み，次の問いに答えなさい。〈和歌山・改〉［7点×2］

…次にa 11世紀後半～16世紀後半の「荘園と武士」と「動乱の時代」の2つのゾーンが続きます。特に印象に残ったのが，b 阿氏河荘の農民が湯浅氏の横暴を訴えた手紙です。長い紙に，たどたどしいカタカナで書かれていて，農民の悲痛な声が聞こえるようでした。

(1) 文中の下線aに関し，このころのできごととして最も適切に述べているものを，次から1つ選び，記号で答えなさい。（　　）

ア 藤原道長，頼通父子は，摂関政治の全盛期を築いた。
イ 白河天皇は，上皇となった後も政治を行う院政を開始した。
ウ 平清盛が太政大臣となり，その一族は朝廷の高い役職についた。
エ 源頼朝の死後，北条氏が執権の地位につき幕府の実権をにぎった。

(2) 文中の下線bに関し，湯浅氏の役職－①と農民が湯浅氏を訴えた相手－②の組み合わせとして正しいものを，次から1つ選び，記号で答えなさい。（　　）

ア ①－地頭　②－荘園領主　**イ** ①－国司　②－荘園領主
ウ ①－荘園領主　②－国司　**エ** ①－地頭　②－国司

2 右の略年表を見て，次の問いに答えなさい。〈福島・改〉［7点×3］

時代	おもなできごと
平安	1185　壇ノ浦の戦いで平氏が滅びる
鎌倉	1192　源頼朝が ※ となる
(南北朝)	1336　南北朝の動乱が始まる
室町	1338　足利尊氏が ※ となる

源頼朝は平氏を滅ぼした後，対立していた自分の弟をかくまったという理由で奥州藤原氏を攻めた。

(1) 2つの ※ には，朝廷から任じられた同じ役職名が入る。平安時代にこの役職に任じられた人物を，次から1人選び，記号で答えなさい。（　　）

ア 平清盛　**イ** 源義家
ウ 藤原純友　**エ** 坂上田村麻呂

(2) 下線部について，南北朝動乱期のようすの説明文として最も適当なものを，次から1つ選び，記号で答えなさい。（　　）

ア 中央の貴族は国司として諸国に派遣され，その下で郡司が政治を行った。
イ 土地に対する地頭の権利が強まり，荘園領主との争いがしばしばおこった。
ウ 守護の多くは自分の領地を拡大し，守護大名へと成長した。
エ 土地や人民を国のものとする，公地・公民の原則が出された。

(3) 略年表の下の説明文の中にある「弟」とはだれですか。（　　　）

3 右の資料は，鎌倉時代にモンゴルが日本をおそったできごとを描いたものである。これを見て，次の問いに答えなさい。〈沖縄〉［7点×3］

(1) このできごとは何とよばれるか，答えなさい。

(　　　　　　　　)

(2) 資料からわかる，この時のモンゴルと日本の戦い方で適切なものはどれか。次から1つ選び，記号で答えなさい。　(　　　)

ア モンゴルの兵士は集団戦法をとった。

イ モンゴルの兵士は馬に乗って戦った。

ウ 日本の武士は刀を用いて攻撃した。

エ 日本の武士は「てつはう」という武器を使った。

…をおそっ…を支配していたのはだれか。次から1つ選び，記号で答

(　　　)

…・ハン　**ウ** ナポレオン　**エ** 始皇帝

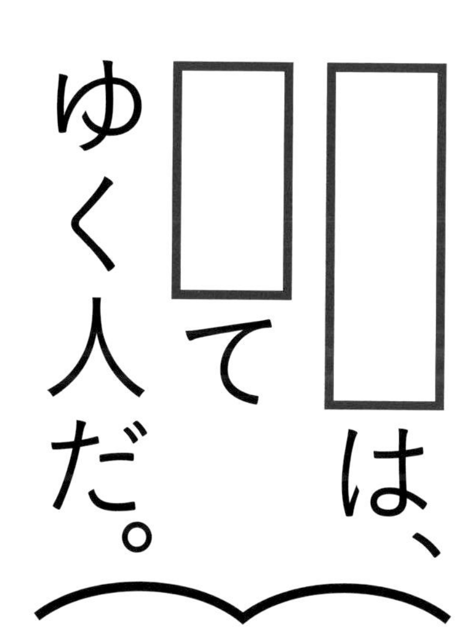

…い。〈福井〉［7点×4］

調べてわかったこと
…を開いた。執権の□は，御成敗式目を制定した。 …天皇を立てたので，c朝廷は2つに分かれた。

…なさい。　(　　　　　　　　)

…廷を監視するために京都に置かれたのは何か書きな

(　　　　　　　　)

…じられた劇を何というか，漢字で書きなさい。

(　　　　　　　　)

…にのがれた天皇はだれか書きなさい。

(　　　　　　　　)

…□王国が経済的に繁栄した理由を，次の【条件】に

…〉

…する地域を統治し，15世紀に経済的に繁栄した。

【条件】…□X□にあてはまる語…を明らかにすること。

・□X□王国が行った貿易の名称を書くこと。

(　　　　　　　　　　　　　　　　　　　　　　　　　　)

(2) 応仁の乱から復興した京都では，富裕な商工業者たちが祇園祭を行った。当時，京都の町の自治をにない，この祭りを行っていた富裕な商工業者たちは何と呼ばれますか。〈香川・改〉

(　　　　　　　　)

8日目 近世の日本と世界

学習日　　月　　日

基礎問題

解答➡別冊解答９ページ

1 ヨーロッパ人の来航と天下統一

- 大航海時代…〔①　　　　　〕がカリブ海の島に到達。マゼラン船隊が世界一周に成功→ヨーロッパ諸国が新大陸に進出。
- 〔②　　　　〕…種子島に漂着したポルトガル人が伝える。
  - ・〔③　　　　〕貿易…ポルトガル人・スペイン人との貿易。
- キリスト教…イエズス会の宣教師〔④　　　　　〕が伝える。
- 〔⑤　　　　　〕…桶狭間の戦いに勝利し，室町幕府をほろぼす。安土城を築き，城下で〔⑥　　　　　〕を実施。
- 〔⑦　　　　　〕…大阪城を築き，全国統一を達成。太閤検地と刀狩を実施→〔⑧　　　　　〕が進む。朝鮮を侵略。
- 〔⑨　　　　〕文化…豪華で壮大な文化。姫路城などの天守閣。

2 江戸幕府の成立と鎖国

- 〔⑩　　　　〕の戦い…徳川家康が勝利→全国支配の実権。
- 江戸幕府…征夷大将軍に任じられた家康が幕府を開く。
  〔⑪　　　　〕が政治の中心。
- 大名…〔⑫　　　　　〕を定めて統制するとともに，親藩・譜代大名を重要な地域に，外様大名を遠い地域に配置。
  - ・〔⑬　　　　　〕…大名は１年おきに領地と江戸を往復。

将軍
- 大老(臨時の役職)
- ⑪
  - 大目付
  - 町奉行
  - 勘定奉行
  - 遠国奉行
- 若年寄
- 寺社奉行
- 京都所司代
- 大阪城代

▲江戸幕府のしくみ

- 身分制度…武士と百姓・町人に分けられる。〔⑭　　　　　〕の制度をつくる→農民は犯罪の防止と年貢の納入で連帯責任。
- 〔⑮　　　　　〕貿易…幕府の許可を得た貿易船が東南アジアでさかん貿易→各地に〔⑯　　　　　〕ができる。
- 〔⑰　　　　　〕一揆…天草四郎を大将に農民たちが一揆。
- 鎖国…ポルトガル船の来航を禁止。オランダ商館を長崎に移す。
- ４つの窓…長崎の〔⑱　　　　〕でオランダと貿易。対馬藩が朝鮮通信使を接待。薩摩藩が琉球を征服。松前藩がアイヌと交易。

ヨーロッパ人の来航と天下統一

知っトク

十字軍…イスラム勢力から聖地エルサレムを奪回するために，ローマ教皇の呼びかけで，西ヨーロッパの国王や諸侯が送った。

ルネサンス…ギリシャ・ローマの古代文明を学びなおす文芸の運動。

宗教改革…ルターらが進めたキリスト教の改革。カトリックはイエズス会を結成。

知っトク　桃山文化

千利休…茶の湯でわび茶を完成させる。

出雲の阿国…かぶき踊りを始める。

江戸幕府の成立と鎖国

くわしく　大名の区分

親藩…徳川氏の親戚の大名。

譜代大名…関ヶ原の戦い以前から徳川氏に従っていた大名。

外様大名…関ヶ原の戦い以後に徳川氏に従った大名。

参考　身分別の人口の割合

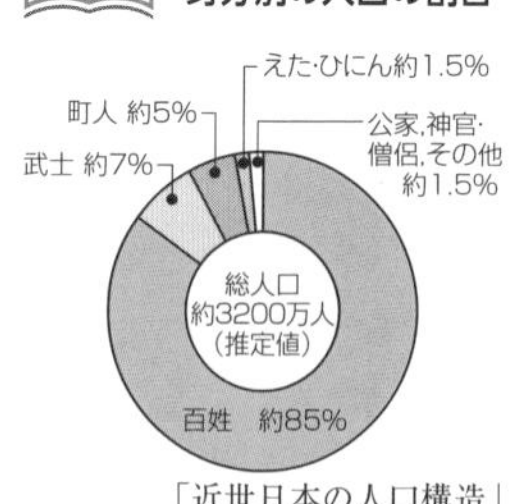

「近世日本の人口構造」

3 産業の発達と幕府政治の動き

- 農業の発達…〔⑲　　　〕開発で耕地を拡大。
- 交通…東海道などの〔⑳　　　〕を整備。
- 都市の発達…江戸・〔㉑　　　〕・京都は三都とよばれて繁栄。
- 〔㉔　　　〕…5代将軍。生類憐みの令を出す。
- 〔㉕　　　〕…商工業者の同業組合。営業の独占をはかる。

〔㉒　　　航路〕

大阪
京都
江戸

〔㉓　　　航路〕

▲江戸時代の都市と交通

- 〔㉖　　　〕の改革…8代将軍徳川吉宗が行う。人材の登用，目安箱の設置，上げ米の制の実施，公事方御定書の制定など。
- 〔㉗　　　〕の政治…株仲間の奨励など積極的な政策。
- 〔㉘　　　〕の改革…老中松平定信が行う。農村に倉を設け，商品作物の栽培を制限。旗本・御家人の借金を帳消しにする。
- 農村の変化…貨幣経済の広まり→農民の間の貧富の差が拡大。農村で〔㉙　　　〕，都市で打ちこわしが続発。
- 外国船の接近…幕府は〔㉚　　　〕を出し鎖国を維持。
- 〔㉛　　　〕の乱…大阪でもと幕府の役人が反乱。
- 〔㉜　　　〕の改革…老中水野忠邦が行う。出版・風俗の取りしまり，株仲間の解散，江戸への出かせぎの禁止など。

4 新しい学問と町人文化

- 〔㉝　　　〕…日本人の固有の考え方などを明らかにしようとする学問。『古事記伝』をあらわした本居宣長が大成。
- 〔㉞　　　〕…オランダ語の書物を通じて西洋の学問・技術を研究。杉田玄白らが『解体新書』を翻訳・出版。
- 〔㉟　　　〕…庶民の子どもが読み・書きなどを学ぶ。

〔㊱　　　〕文化	文化	〔㊴　　　〕文化
17世紀末から18世紀はじめにかけて	時期	19世紀前半
上方（京都・大阪など）中心の町人文化	特色	江戸中心の町人文化
・井原西鶴…浮世草子とよばれる小説 ・近松門左衛門…歌舞伎・人形浄瑠璃の台本 ・〔㊲　　　〕…俳諧を大成	文学	・世相を風刺する狂歌や〔㊵　　　〕が流行 ・十返舎一九…こっけい本　・滝沢馬琴…長編小説 ・与謝蕪村・小林一茶…優れた俳句の作品
・俵屋宗達・尾形光琳…装飾画を大成 ・菱川師宣…〔㊳　　　〕を始める	絵画	・喜多川歌麿…美人画の錦絵 ・葛飾北斎・〔㊶　　　〕…風景画の錦絵

産業の発達と幕府政治の動き

参考　農具の発明・改良

備中ぐわ…土を深く耕す。

千歯こき…脱こくを効率化。

くわしく　外国船の接近

新しい学問と町人文化

資料　伊能忠敬が作成した日本全図

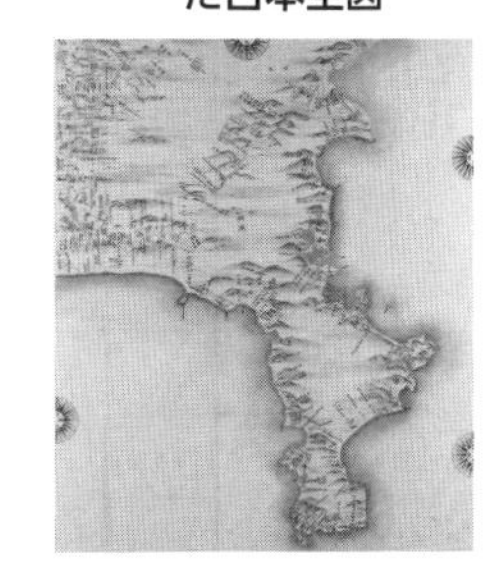

近世の日本と世界

得点　　／100点

基礎力確認テスト

解答➲別冊解答9ページ

1 右の**資料1・2**を見て，次の問いに答えなさい。〈新潟〉［9点×4］

資料1

この絵には，a<u>ポルトガル人やスペイン人</u>などが描かれており，b<u>彼らは16世紀半ばから17世紀初め</u>にかけて，盛んに日本に来航した。

資料2

この絵には，c<u>人工の島</u>が描かれており，この島があった長崎では，d<u>鎖国</u>後もオランダ船や中国船が来航し，日本との貿易が行われた。

(1) **資料1**について，次の問いに答えなさい。

① 下線部aについて，この当時，ポルトガルやスペインの人々と日本人との間で行われた貿易を何というか。その用語を書きなさい。（　　　　　　）

② 下線部bのころの文化について述べた文として最も適当なものを，次から1つ選び，記号で答えなさい。（　　）

ア 蘭学がさかんになり，杉田玄白らによって「解体新書」が出版された。

イ 「枕草子」など，かな文字によるすぐれた文学作品が生み出された。

ウ 京都北山に，寝殿造と禅宗寺院の様式をあわせた金閣が建てられた。

エ 堺出身の千利休は，質素な侘び茶の作法を完成させた。

(2) **資料2**について，次の問いに答えなさい。

① 下線部cの人工の島を何というか。（　　　　　　）

② 下線部dについて，鎖国後もいくつかの国や民族との交流は続いたが，朝鮮と江戸幕府との交流はどのように続けられたか，書きなさい。

（　　　　　　　　　　　　　　　　　　　　　　　　　　）

2 次のA・Bのできごとについて，次の問いに答えなさい。〈長崎〉［8点×2］

A（17世紀）朱印船による貿易がさかんになる。

B（19世紀）異国（外国）船打払令が出される。

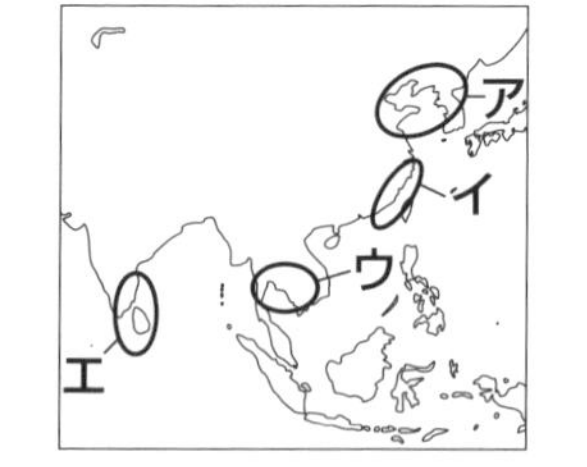

(1) Aに関して，このころ海外に出た日本人が住みついてできた日本町があった地域を，右の地図中の**ア**～**エ**から1つ選び，記号で答えなさい。（　　）

(2) Bのころに，全国各地の沿岸を測量してつくられた日本地図が完成した。この地図をつくるのに中心となった人物はだれか。（　　　　　　）

3 右の略年表を見て，次の問いに答えなさい。〈茨城，岩手・改〉［8点×5］

(1) 下線部①に関して，下の文中の［　　］にあてはまる戦国大名の名前を書きなさい。また，文中の「楽市・楽座」に関する説明として正しいものを，下の**ア**～**エ**から１つ選び，記号で答えなさい。

戦国大名（　　　　　　　）　記号（　　　）

西暦	できごと
	①戦国大名が分国法をつくる
1582	②豊臣秀吉が太閤検地を行う
1615	↑武家諸法度が制定される
	Ⓐ
1782	↓③天明のききんが全国をおそう
1858	日米修好通商条約が結ばれる

天下統一のために，いちはやく京都にのぼった尾張の戦国大名［　　］は，対抗する戦国大名を次々とやぶった。また，安土に巨大な城を築き，その地で楽市･楽座の政策を行った。

ア 御家人が売った土地を，売買後の年月に関係なく，もとの持ち主に返させた。
イ 市場の税を免除して，だれでも自由に商売ができるようにした。
ウ 農民の五人組をつくり，年貢の納入や，犯罪の防止などに共同で責任を負わせた。
エ ものさしの単位やますの大きさを決めて，田畑の面積や収穫高を全国的に調べさせた。

(2) 下線部②の人物が出した，右の資料の法令名を答えなさい。（　　　　　　　）

諸国の百姓が，刀やわきざし，弓，やり，鉄砲，その他の武具などを持つことはかたく禁止する。

(3) 下線部③に関して，右の図は，江戸時代に農民が一揆をおこすときに，団結の意味をこめて名前を書いた連判状である。図のように，名前を円形に書いた理由を簡単に書きなさい。

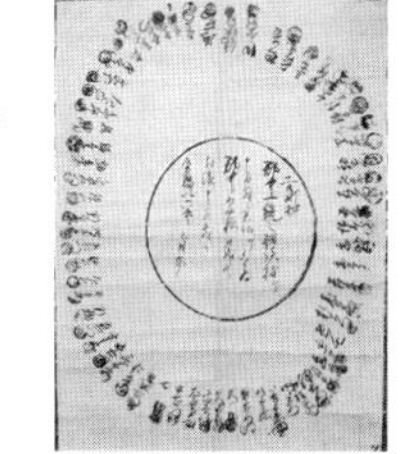

（　　　　　　　　　　　　　　　　　　　　）

(4) 次の**ア**～**エ**は，年表中のⒶの時期に行われた政治について説明したものである。年代の古い順に左から並べて，記号で答えなさい。

（　　→　　→　　→　　）

ア 老中水野忠邦は，物価を下げるために株仲間を解散させた。
イ 老中田沼意次は，大商人を利用して財政再建に力を入れ，長崎貿易を奨励した。
ウ 将軍徳川吉宗は，質素・倹約をすすめ，新田の開発や法律の整備を行った。
エ 老中松平定信は，旗本や御家人の生活を救うために，その借金を帳消しにした。

4 江戸時代の農業について述べた文として適切なものを，次から１つ選び，記号で答えなさい。〈兵庫〉［8点］

（　　　）

ア 鉄製の農具が広く使われるようになった。
イ 牛馬を使った農耕が始まった。
ウ 米と麦の二毛作が始まった。
エ 千歯こきが使われるようになった。

9日目 近代の日本と世界

学習日　　月　　日

基礎問題

解答➡別冊解答10ページ

1 欧米諸国の近代化と日本の開国

- 市民革命…自由・平等をめざし，民主政治を確立。
  - ・イギリス…ピューリタン革命〔清教徒革命〕と〔①　　〕革命。
  - ・アメリカ…〔②　　〕戦争を開始→〔②〕宣言を発表。
  - ・フランス…フランス革命がおこり，〔③　　〕宣言を発表。
- イギリスでおこった〔④　　〕革命によって，生産と社会のしくみが変化→〔⑤　　〕経済が成立→社会問題の発生。
- アメリカの〔⑥　　〕戦争…リンカーンが奴隷解放を宣言。
- アジア侵略…イギリスは〔⑦　　〕戦争をおこし，清を破る→〔⑧　　〕条約で香港を獲得。インドの植民地化。
- アメリカの使節〔⑨　　〕の来航→幕府に開国を要求。
  - ・〔⑩　　〕条約…下田と函館を開港。
  - ・〔⑪　　〕条約…日本に不利な不平等条約を締結。
- 幕府の滅亡…尊王攘夷運動→倒幕をめざす〔⑫　　〕同盟→徳川慶喜が〔⑬　　〕→王政復古の大号令→戊辰戦争。

2 明治維新

- 明治維新…東京を首都とし，身分制度の廃止などのさまざまな改革。
  - ・〔⑭　　〕…新政府の基本方針を示す。
  - ・版籍奉還と〔⑮　　〕…中央集権国家の成立。
- 〔⑯　　〕…経済の発展，軍隊の強化をめざしたスローガン。
- 〔⑲　　〕…近代産業を育成するためのスローガン。

兵制	〔⑰　　〕…20歳以上の男子に兵役の義務。
学制	学制…6歳以上の男女は小学校教育を受ける。
税制	〔⑱　　〕…土地所有者に地券を交付し，地価の3%の地租を現金で納めさせる。

▲三大改革

- 外交…沖縄県の設置。樺太・千島交換条約や日朝修好条規を結ぶ。
- 〔⑳　　〕…都市部で生活様式が西洋風に変化。

欧米諸国の近代化と日本の開国

参考 イギリスの三角貿易

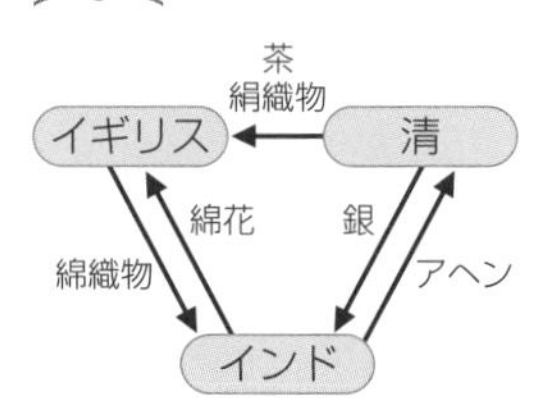

参考 幕末の開港

資料 幕末の貿易

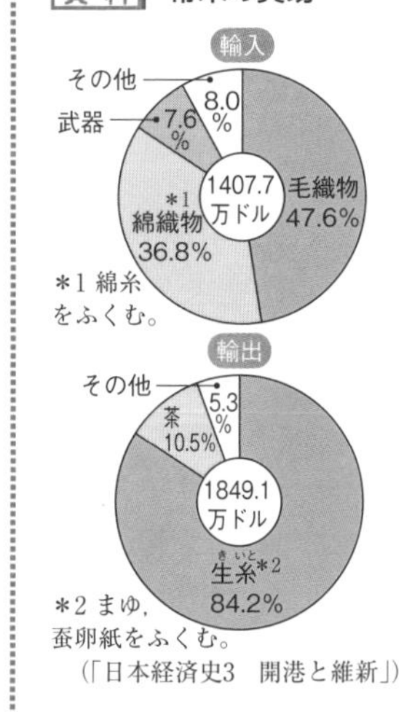

くわしく 不平等条約

- ・外国の領事裁判権〔治外法権〕を認める。
- ・日本に関税自主権がなかった。

3 立憲国家の成立

- 〔㉑　　　　　〕運動…国民の参政権を求める運動。
  - ・板垣退助らが〔㉒　　　　　　　〕を提出→国会期成同盟の結成→国会開設の勅諭→福島事件・秩父事件。
  - ・政党…板垣が〔㉓　　　〕党，大隈重信が立憲改進党を結成。
- 内閣の設置…〔㉔　　　　　〕が初代の内閣総理大臣に就任。
- 〔㉕　　　　　　　〕…ドイツの憲法を参考に草案を作成。
  - ・〔㉖　　　　〕…国の元首として統治。軍隊の指揮，条約の締結など強大な権限をもつ。
- 帝国議会…衆議院と〔㉗　　　　〕からなる二院制。衆議院議員の選挙権は直接国税〔㉘　　〕円以上を納める〔㉙　　〕歳以上の男子のみにあたえられた。

天皇（主権者）
元老・重臣
枢密院
統帥権
統治権
内閣（天皇の統治を助ける）
各省
帝国議会
貴族院
衆議院
裁判所（天皇の名による裁判）
陸軍・海軍
任命
府県知事
地方議会
制限選挙
制限選挙
徴兵
臣民（国民）

▲明治政府のしくみ

4 日清・日露戦争とアジア

- 〔㉚　　　　　〕…欧米列強が資源と市場を求めて海外に経済進出し，軍事力を背景に植民地や勢力範囲を拡大すること。
- 日清戦争…朝鮮で甲午農民戦争→日本と清がともに出兵→開戦。
  - ・〔㉛　　　　〕条約…日本は台湾・遼東半島を獲得→ロシア・フランス・ドイツによる三国干渉で遼東半島を返還。
- 日露戦争…開戦前，ロシアに対抗するため日英同盟が結ばれる。
  - ・〔㉜　　　　　　〕条約…日本は南樺太を獲得，賠償金はなし。
- 韓国併合…朝鮮総督府を置いて支配。同化政策をおし進める。
- 辛亥革命…中華民国が成立し，〔㉝　　　　〕が臨時大総統。

5 近代産業と近代文化

- 産業革命…日清戦争前後に軽工業，日露戦争前後に重工業で進展。官営の〔㉞　　　　〕製鉄所が設立される。財閥の形成。
- 社会問題…労働者は低賃金・長時間の労働→労働組合の結成。
  - ・足尾銅山鉱毒事件…〔㉟　　　　　　〕が政府の責任を追及。
- 自然科学…黄熱病の病原体を研究した〔㊱　　　　〕など世界的な業績。

文学	〔㊲　　　　　　〕…『坊っちゃん』 森鷗外…『舞姫』『高瀬舟』
日本画	フェノロサと岡倉天心が復興
西洋画	黒田清輝…「読書」「湖畔」

▲明治時代の文化

立憲国家の成立

資料　大日本帝国憲法

第１条　大日本帝国ハ万世一系ノ天皇之ヲ統治ス
第３条　天皇ハ神聖ニシテ侵スヘカラス
第11条　天皇ハ陸海軍ヲ統帥ス
第29条　日本臣民ハ法律ノ範囲内ニ於テ言論著作印行集会及結社ノ自由ヲ有ス
（一部）

日清・日露戦争とアジア

注意！ 条約改正

- ・陸奥宗光…1894年，イギリスとの交渉で領事裁判権〔治外法権〕を撤廃。
- ・小村寿太郎…1911年，アメリカとの交渉で関税自主権を完全回復。

参考　日清戦争の賠償金の使いみち

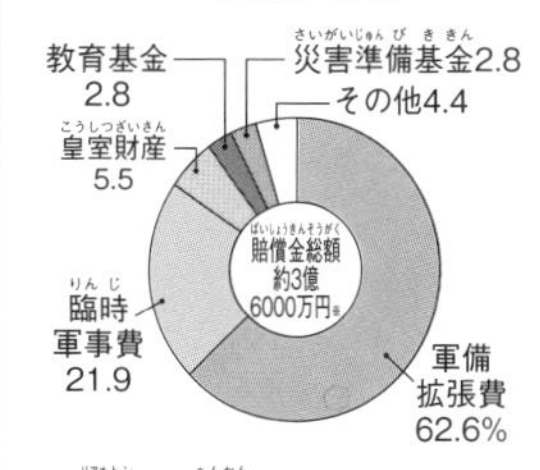

※遼東半島返還の還付金をふくむ。
（「近代日本経済史要覧」）

近代産業と近代文化

参考　製糸工場で働く工女の１日

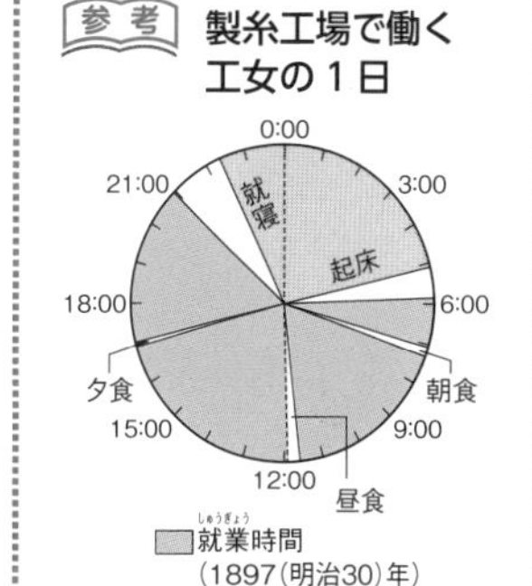

近代の日本と世界

得点 ／100点

基礎力確認テスト

解答➡別冊解答 10 ページ

1 右の略年表は，渋沢栄一の生涯の主なできごとと，日本と世界の動きをまとめたものである。次の問いに答えなさい。〈青森，千葉，愛媛・改〉［10点×9］

年代	年齢	主なできごと	日本と世界の動き
1840	0	現在の埼玉県で生まれる	①アヘン戦争が始まる
1858	18	結婚する	②日米修好通商条約締結
1863	23	③横浜の焼きうちを計画する	
1867	27	④ヨーロッパ諸国を訪問する	王政復古の大号令
1869	29	明治政府の役人となる	
1870	30	⑤富岡製糸場設置主任となる	
1873	33	政府の役人を辞め，以後実業界で活躍する	⑥地租改正が始まる
1886			⑦ノルマントン号事件
1890	50	第一回帝国議会において ⑧ 議員となる	
1900			⑨パリ万国博覧会開催

(1) 下線部①について，この戦争は，中国（清）が，イギリスによるアヘンの密輸を厳しくとりしまったことを機におきた。アヘンは，イギリスがある国でつくらせていたものであった。この国名を答えなさい。
（　　　　　）

(2) 下線部②について，右の**グラフ１**は幕末の1865年の日本の品目別輸入額の割合を，**グラフ２**は同年の横浜港における国別の貿易額（輸出額と輸入額の総額）の割合を，それぞれ表したものである。**グラフ１**のaに当てはまる品目名と，**グラフ２**のbに当てはまる国名の組み合わせとして適当なものを，次から１つ選び，記号で答えなさい。（　　）

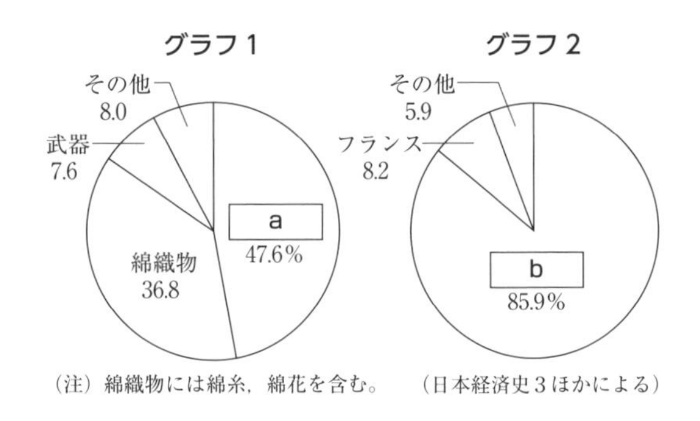

（注）綿織物には綿糸，綿花を含む。　（日本経済史３ほかによる）

ア a 生糸　b アメリカ合衆国　**イ** a 生糸　b イギリス
ウ a 毛織物　b アメリカ合衆国　**エ** a 毛織物　b イギリス

(3) 下線部③について，彼は尊王攘夷論の影響を受けて，この計画を立てた。同じ考えによっておきたできごとを，次から１つ選び，記号で答えなさい。（　　）

ア 大塩平八郎が大阪で乱をおこした。
イ 天草四郎と農民が島原・天草一揆をおこした。
ウ シャクシャインらが蝦夷地で蜂起した。
エ 長州藩が下関海峡を通る外国船を砲撃した。

(4) 下線部④について，彼の旅行中，仕えていた将軍徳川慶喜が政権を朝廷に返した。このできごとの名称を答えなさい。（　　　　　）

(5) 下線部⑤について，彼はこの役職につき，富岡製糸場の完成に大きな役割を果たした。このような官営模範工場や鉄道の建設，郵便制度や電信網の整備などの近代産業を育てることを目的とした政策を何というか。 (　　　　　　　　　)

(6) 下線部⑥について，地租改正について述べた次の文中のX，Yに当てはまる語の最も適当な組み合わせを，あとから1つ選び，記号で答えなさい。 (　　　)

> 政府は国家の収入を安定させるため，課税率を［X］の3%とし，土地の所有者に［Y］で納めさせることとした。

ア X：地価　Y：現金　イ X：収穫高　Y：現金
ウ X：地価　Y：米　エ X：収穫高　Y：米

(7) 下線部⑦について，幕末以来欧米の国々と結んでいた不平等な条約の改正を求める世論が高まった。これらの条約の，日本にとって不利で，不平等な内容のうち，下線部⑦で特に問題となったことを，簡単に書きなさい。

(　　　　　　　　　　　　　　　　　　　　　　　　　　　　)

(8) ［⑧］は，帝国議会の二つの議院のうちの一つで，皇族・華族などで構成される。［⑧］に当てはまる最も適切な語を書きなさい。 (　　　　　　　　　)

(9) 下線部⑨に関連して，次の文章中の［　　］に共通して当てはまる語を，あとから1つ選び，記号で答えなさい。 (　　　)

> この万国博覧会において，［　　］の美術作品が銀賞を受賞した。「読書」，「湖畔」が代表作品である［　　］は，日本の洋画発展の基礎をきずいた。

ア 歌川広重　イ 黒田清輝　ウ 岡倉天心　エ 滝廉太郎

2 次の文は，日露戦争直前の列強の関係について述べたものである。X～Zにあてはまる国名の組み合わせを，右のカードA，Bを手がかりにして，下のア～エから1つ選び，記号で答えなさい。〈福島・改〉[10点] (　　　)

・Xは，三国干渉をともに行ったYと同盟関係にあり，アジアの植民地化でZと対立していた。
・当時，世界で最も広い範囲を植民地として領有していたZは，日本と同盟関係にあり，アジアやアフリカの植民地化でYと対立していた。
・中国の広州湾を租借していたYは，Xには資金援助を行っていたが，三国干渉をともに行ったドイツとは，対立していた。

> A　日本は，ロシアに対抗するイギリスとの間で，条約改正を成功させた。その直後に，日清戦争が始まった。

> B　三国干渉を受け入れた日本は，軍備を整え，日英同盟を結んだ後にロシアと戦った。アメリカの仲介で講和条約を結び，その後，韓国を併合した。

ア X－フランス　Y－ロシア　Z－アメリカ
イ X－フランス　Y－ロシア　Z－イギリス
ウ X－ロシア　Y－フランス　Z－イギリス
エ X－ロシア　Y－フランス　Z－アメリカ

二度の世界大戦と日本，現代の日本と世界

学習日　　　月　　　日

基礎問題

解答➡別冊解答 11 ページ

1 第一次世界大戦と日本

- 第一次世界大戦…三国同盟と三国協商が対立。総力戦となる。
  - ・〔①　　　　　〕半島…ヨーロッパの火薬庫→サラエボ事件。
  - ・日本…中国に〔②　　　　　　　　〕を出す。
- 〔③　　　　　〕…レーニンの指導で社会主義政権を樹立→列強の干渉（かんしょう）→〔④　　　　　　　　　　　　〕が成立。
- パリ講和会議…ドイツは〔⑤　　　　　〕条約を結ぶ。
- 国際協調…ウィルソン大統領の提案で〔⑥　　　　　〕を設立。〔⑦　　　　　〕会議で海軍の軍備を制限。
- 民族運動…中国で〔⑧　　　　〕運動，朝鮮（ちょうせん）で〔⑨　　　　　〕運動がおこる。インドではガンディーが自治を求める運動。
- 大正（たいしょう）デモクラシー…〔⑩　　　　　〕が民本（みんぽん）主義を主張。
  - ・〔⑪　　　　〕…シベリア出兵による米価の上昇が原因。
  - ・本格的な政党（せいとう）内閣…〔⑪〕の直後に〔⑫　　　　〕が組織。
  - ・社会運動…労働運動。全国水平社の結成。新婦人協会の設立。
- 〔⑬　　　　　〕制の実現…25 歳以上の男子が選挙権をもつ。
  - ・〔⑭　　　　　〕法…共産主義運動の取りしまりが目的。
- 〔⑮　　　　　〕…東京・横浜を中心とする地域が壊滅状態。
- 大正時代の文化…文化の大衆化。ラジオ放送の開始。

2 日本の中国侵略と第二次世界大戦

- 〔⑯　　　　　〕…ニューヨークで株価が暴落→深刻な不況が世界中に広がる→ドイツ・イタリアではファシズム。

イギリス	本国と植民地で〔⑰　　　　〕経済
アメリカ	〔⑱　　　　　〕政策
ドイツ	〔⑲　　　　〕のナチスが政権
イタリア	ムッソリーニのファシスト党が政権

▲〔⑯〕に対する欧米の対応

- 〔⑳　　　　〕…関東軍が柳条湖（リウティアオフー／りゅうじょうこ）で鉄道爆破→「満州国」を建国→日本が国際連盟を脱退。
- 軍部の台頭…五・一五事件と〔㉑　　　　〕事件がおこる。

第一次世界大戦と日本

参考　三国同盟と三国協商

三国同盟（1882 年）…ドイツ，オーストリア，イタリア

三国協商（1907 年）…イギリス，フランス，ロシア

資料　二十一か条の要求

> 一　中国政府は，ドイツが山東（シャントン）省に持っているいっさいの権益を日本にゆずる。
> 一　日本の旅順（リュイシュン／りょじゅん）・大連（ターリエン／だいれん）の租借の期限，南満州鉄道の期限を 99 か年延長する。
> （一部要約）

参考　有権者の増加

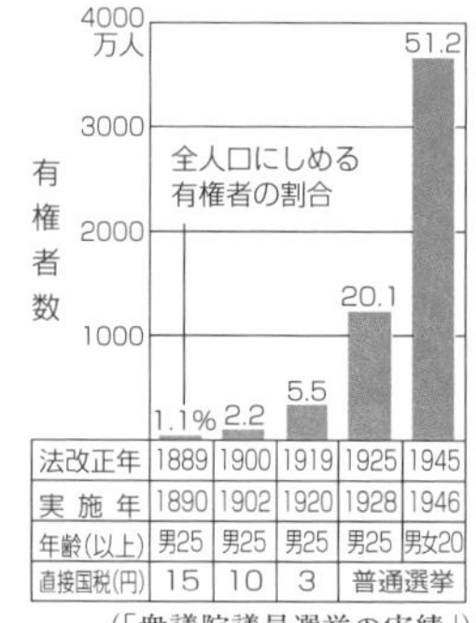

法改正年	1889	1900	1919	1925	1945
実施年	1890	1902	1920	1928	1946
年齢(以上)	男25	男25	男25	男25	男女20
直接国税(円)	15	10	3	普通選挙	

（「衆議院議員選挙の実績」）

日本の中国侵略と第二次世界大戦

注意！

五・一五事件…海軍の青年将校らが犬養毅（いぬかいつよし）首相を暗殺→政党政治が終わる。

二・二六事件…陸軍の青年将校が部隊を率いて首相官邸などを襲撃。

● 日中戦争…北京郊外の盧溝橋で軍事衝突。南京事件がおこる。

・戦時体制…〔㉒　　　　　〕法の制定。大政翼賛会の設立。

● 第二次世界大戦…ドイツがポーランドに侵攻→独ソ戦の開始→連合国の反攻→イタリア・ドイツの降伏→日本の降伏→終結。

・〔㉓　　　　　〕…真珠湾を攻撃→アメリカと開戦。

・日本の降伏…〔㉔　　　　　〕宣言を受諾→敗戦。

3 戦後日本の発展と国際社会

● 戦後改革…連合国軍最高司令官総司令部〔GHQ〕の指令。

政治	軍隊の解散，極東国際軍事裁判，天皇の「人間宣言」
	〔㉕　　　　　〕…国民主権，基本的人権の尊重，平和主義の三原則
経済	〔㉖　　　　　〕解体…三井・三菱・住友などを解体
	〔㉗　　　　　〕…小作人に農地を売る→自作農の増加
社会	労働…〔㉘　　　　　〕法・労働関係調整法・労働基準法
	教育・家族…〔㉙　　　　　〕法の制定，民法の改正

▲戦後改革

● 〔㉚　　　　　〕の発足…安全保障理事会を設置。

● 〔㉛　　　　　〕…アメリカを中心とする資本主義陣営と，ソ連を中心とする共産主義陣営が厳しく対立。

● アジア・アフリカの動き…多くの植民地が独立を達成。

・中国…毛沢東を主席とする〔㉜　　　　　〕が成立。

・朝鮮戦争…日本では特需景気。警察予備隊の設置→自衛隊。

● 国際社会への復帰…〔㉝　　　　　〕条約を結び，独立を回復。同時にアメリカと〔㉞　　　　　〕条約を結ぶ。

● 外交関係…〔㉟　　　　　〕宣言に調印→〔㉚〕への加盟が実現。

・韓国…〔㊱　　　　　〕条約を結び，国交を正常化。

・中国…日中共同声明で国交正常化→日中平和友好条約を結ぶ。

● 〔㊲　　　　　〕…1950年代後半から70年代はじめにかけて経済が飛躍的に発展→石油危機をきっかけに終わる。

4 これからの日本と世界

● 冷戦の終結…〔㊳　　　　　〕の壁の撤去→東欧諸国の民主化。

・国際協調…ヨーロッパ諸国が〔㊴　　　　　〕を発足。

・地域紛争…内戦や宗教対立。湾岸戦争，イラク戦争など。

● 日本の政治…55年体制の終結→政権交代。

・〔㊵　　　　　〕経済…地価・株価が高騰→崩壊→不景気。

● 日本社会の課題…少子高齢社会。地球温暖化。グローバル化。

参考 原爆ドーム（広島）

1945年8月，アメリカ軍により，広島と長崎に原子爆弾が投下された。

戦後日本の発展と国際社会

資料 農地改革による変化

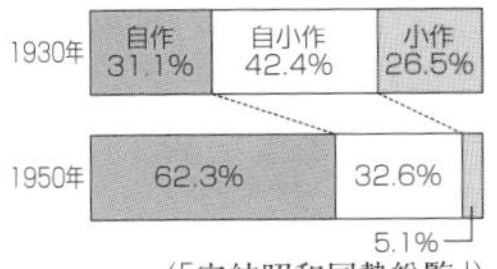

（「完結昭和国勢総覧」）

▲農家の割合の変化

自作農の割合が増加した一方，小作農の割合が低下。

知っトク 軍事同盟

西側…北大西洋条約機構〔NATO〕

東側…ワルシャワ条約機構

参考 朝鮮半島

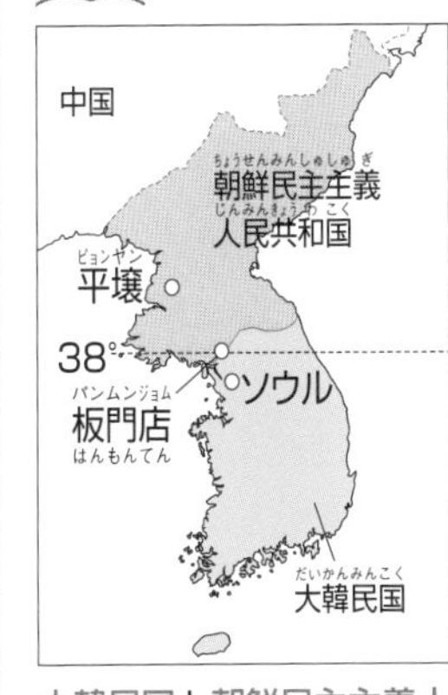

大韓民国と朝鮮民主主義人民共和国は，現在も北緯38度線付近に引かれた軍事境界線をはさみ，休戦状態が続いている。

二度の世界大戦と日本，現代の日本と世界

得点 ／100点

基礎力確認テスト

解答➔別冊解答 11 ページ

1 右の略年表を見て，次の問いに答えなさい。〈静岡・改〉［12点×3］

時代	日本のできごと
大正	a 第一次世界大戦に参戦する
昭和	ポツダム宣言を受諾する b ソ連と国交を回復する
平成	

(1) 下線部 a に関する，次の問いに答えなさい。

① **グラフ**は，下線部 a の時期の，物価と賃金の推移を 1914 年のそれぞれの値を 100 として示している。**グラフ**から，労働者の生活は，1914 年から 1918 年にかけてどのようになったと考えられるか。そのようになった理由をつけて，簡単に書きなさい。

（　　　　　　　　　　　　　　　　　　　　）

グラフ

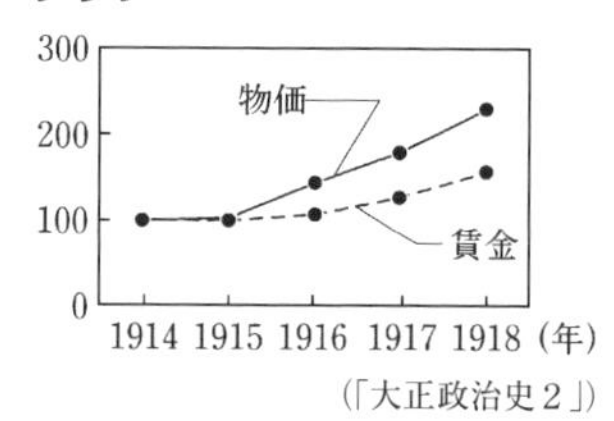

（「大正政治史 2」）

② **資料 1** は，下線部 a が終わってからポツダム宣言を受諾するまでの，ある時期の写真である。この写真の時期の社会のようすについて述べた文として適切なものを，次から 1 つ選び，記号で答えなさい。（　　）

ア 生活物資が欠乏し，ほとんどの品物が配給制になった。

イ 文明開化の風潮が広がり，都市には洋風の建物が増えた。

ウ 働く女性が増え，女性の参政権を求める運動が本格化した。

エ 世界恐慌の影響を受け，企業の倒産や失業者が増大した。

資料 1

資料 2

総会一致で可決
賛成七七，欠席二票
重光外相あいさつ
「日本の立場」を語る
建設的な独立め
偏しない立場

(2) 第二次世界大戦後，日本の国際社会への復帰は下線部 b によって，一層進むことになった。**資料 2** は，下線部 b に関連したあるできごとを報じた新聞記事の一部である。**資料 2** は何について報じた新聞記事か。簡単に書きなさい。

（　　　　　　　　　　　　　　　　　　　　）

2 右の表を見て，次の問いに答えなさい。〈島根〉［10点×2］

時代	ことがら
大正時代	第一次世界大戦後に組織された国際連盟の常任理事国となった。

(1) 下線部の講和会議はパリで開かれた。この会議で結ばれた，ドイツに巨額の賠償金の支払いや軍備縮小などを要求した条約を何というか。

（　　　　　　）

(2) 下線部のころ，日本の都市を中心に広まったものとして適当でないものを，次から１つ選び，記号で答えなさい。 (　　)

ア 文化住宅　**イ** カレーライス　**ウ** 学生野球　**エ** テレビ

3 大正デモクラシーに関して，次の問いに答えなさい。〈栃木〉［10点×2］

(1) 民本主義を唱え，普通選挙にもとづく政党政治を主張した人物は誰か。 (　　　　)

(2) 右の図は，全人口に占める有権者数の割合の推移を示している。1925 年に成立した普通選挙法における有権者の資格について，正しく説明しているものを，次から１つ選び，記号で答えなさい。 (　　)

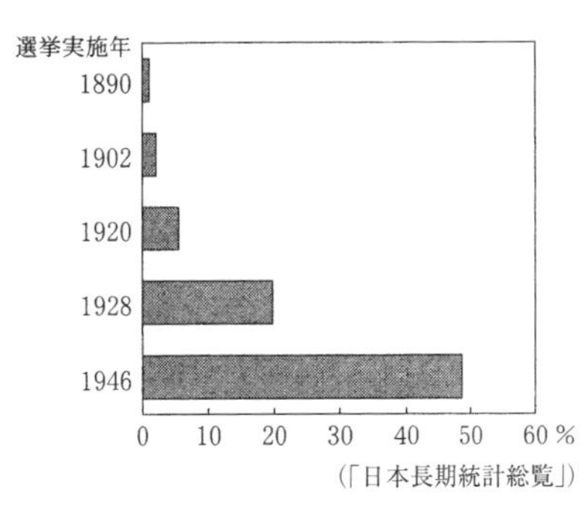

(「日本長期統計総覧」)

ア 直接国税の納税額にかかわらず，20 歳以上の男女に選挙権が与えられた。
イ 直接国税の納税額にかかわらず，25 歳以上の男性に選挙権が与えられた。
ウ 直接国税の納税額３円以上で，25 歳以上の男性に選挙権が与えられた。
エ 直接国税の納税額 10 円以上で，25 歳以上の男性に選挙権が与えられた。

4 次の文を読んで，あとの問いに答えなさい。〈宮崎・改〉［12点×2］

私は，授業の中で**a**日本の戦後の混乱や民主化の過程を学びました。今の日本を築くまでには多くの先人たちの努力があったことがわかり，感謝の気持ちをもたなければならないと思いました。しかし，今も世界では**b**民族や宗教の対立による紛争など，解決しなければならないことがあります。

(1) 下線部**a**について，第二次世界大戦後の民主化を進める改革の中で，多くの自作農が生まれることになった政策を何というか，書きなさい。 (　　　　)

(2) 下線部**b**に関して，1973 年に第４次中東戦争がおこった。これをきっかけにおきたできごとによって，資料のような現象がみられた。なぜ，このような現象がみられたのか，理由として正しいものを，次から１つ選び，記号で答えなさい。 (　　)

資料　スーパーに殺到する人々

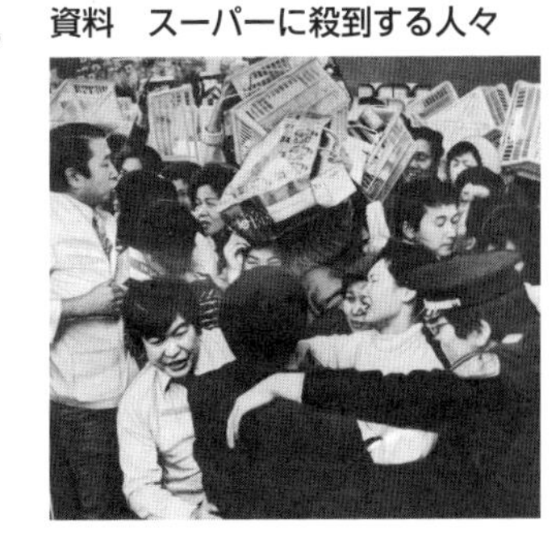

ア 先進工業国と発展途上国の経済的格差が広がり，南北問題が生じたから。
イ 軍需物資の調達が日本で行われ，特需景気をむかえたから。
ウ 石油産出国が石油価格を引き上げ，石油危機がおこったから。
エ 日本の重化学工業が発展し，国民総生産（GNP）が飛躍的に増えたから。

第1回　総復習テスト

時間……30分　　解答➲別冊解答12ページ

得点　　／100点

1 右の地図を見て，次の問いに答えなさい。なお，地図中の緯線は赤道を基準にして，また，経線は本初子午線を基準にして，いずれも30度間隔で表している。〈新潟・改〉［4点×9］

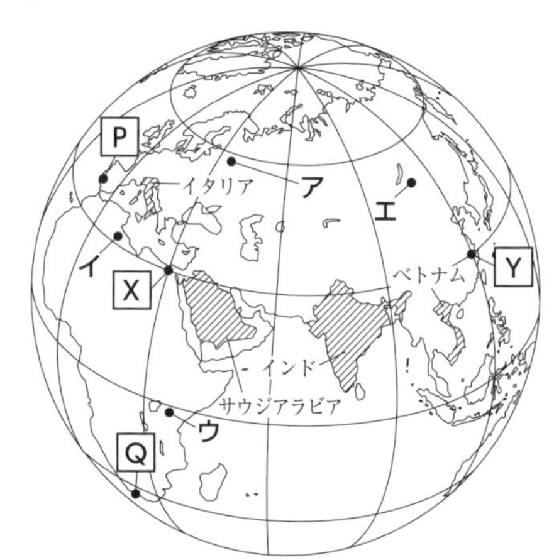

(1) 6大陸のうち，地図中にすべての陸地が示されている大陸が二つある。それぞれの大陸の名称を書きなさい。

（　　　　　　）（　　　　　　）

(2) 地図中の地点X，Yについて，次の①，②の問いに答えなさい。ただし，地点X，Yは，地図中に示した緯線と経線が交わった場所である。

① 地点Xの位置の，緯度と経度を書きなさい。

（　　　　　　）

② 地点Xが，2021（令和3）年1月15日19時のとき，地点Yは1月何日の何時であったか，書きなさい。なお，地点X，Yの標準時は，それぞれを通る経線で決められている。（　　　　　　）

(3) 右の写真は，地図中の**ア**～**エ**のいずれかの地点の景観を示したものである。この景観がみられる地点として，最も適当なものを，地図中の**ア**～**エ**から1つ選び，記号で答えなさい。（　　）

(4) 右の表は，地図で示したイタリア，インド，サウジアラビア，ベトナムについて，それぞれの国の人口，人口密度，一人当たり国民総所得，日本への主要輸出品の輸出額の割合を示したものである。表中の**A**，**B**に当てはまる国名を書きなさい。

	人口（千人）	人口密度（人/km²）	一人当たり国民総所得（ドル）	日本への主要輸出品の輸出額の割合（2019年：単位％） 第1位	第2位
A	34,814	16	23,405	原油(94.2)	石油製品(2.1)
B	60,462	200	34,762	機械類(14.6)	たばこ(14.3)
C	97,339	294	2,440	機械類(29.7)	衣類(19.7)
D	1,380,004	420	2,034	有機化合物(13.4)	機械類(10.4)

（2020/21年版「世界国勢図会」，2020/21年版「日本国勢図会」）

A（　　　　　　）　**B**（　　　　　　）

(5) 右のグラフは，地図中のP，Qのいずれかの地点の，月降水量と月平均気温を表したものである。このグラフは地点P，Qのいずれのものか。その記号と，そのように判断した理由を，それぞれ書きなさい。なお，棒グラフは月降水量を，折れ線グラフは月平均気温を表している。　記号（　　）

理由（　　　　　　）

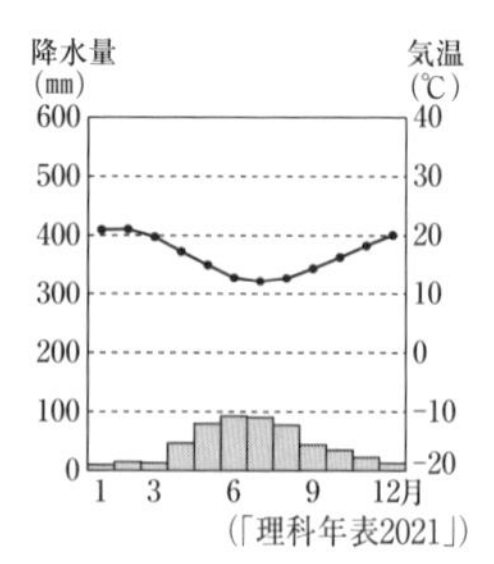

（「理科年表2021」）

2 右の略地図を見て，次の問いに答えなさい。〈徳島・改〉［4点×5］

⑴ 都道府県をもとに日本を地方区分すると，名古屋市のある愛知県は，次の**ア**～**エ**のうち，どの地方に含まれるか，1つ選び，記号で答えなさい。（　　）

ア 中部地方　　**イ** 近畿地方

ウ 中国地方　　**エ** 四国地方

⑵ 略地図中の**X**が示す海岸線は，山地がすぐ海に面し，せまい湾が複雑に入り組んでいる。このような地形の海岸を何というか，書きなさい。（　　　　海岸）

⑶ 略地図中の焼津港は，日本有数の遠洋漁業の漁港である。日本の遠洋漁業は，さまざまな影響を受けて変化してきた。**資料1**は，日本の遠洋漁業における漁獲高の変化を表したグラフである。漁獲高が1973年から1979年にかけて減少している理由を，「200海里」という語句を使って，簡潔に書きなさい。

資料1

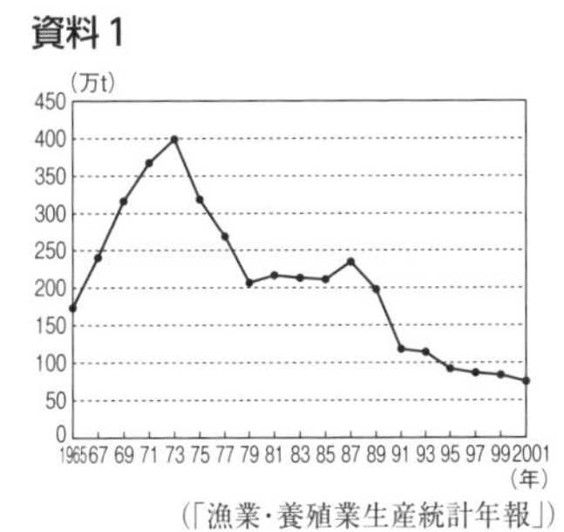

（「漁業・養殖業生産統計年報」）

（　　　　　　　　　　　　　　　　　　　　）

⑷ **資料2**は，2017年の主な工業地帯・地域における工業別製造品出荷額の割合を表しており，**A**～**D**は京浜・中京・阪神工業地帯，瀬戸内工業地域のいずれかである。愛知県が含まれる工業地帯・地域の名前を書きなさい。また，資料のなかで愛知県が含まれる工業地帯・地域を**A**～**D**から1つ選び，記号で答えなさい。名前（　　　　　　　　）　記号（　　）

資料2

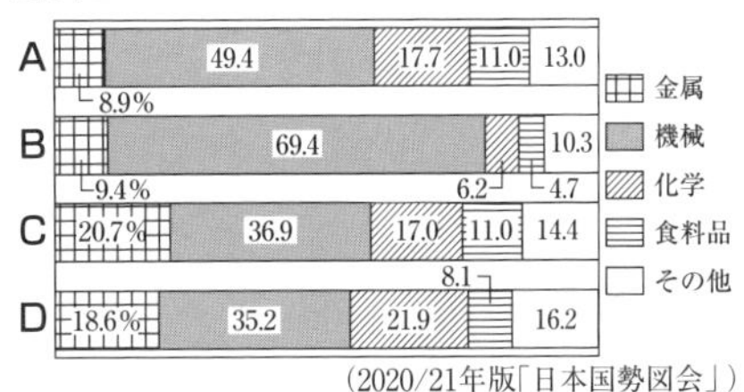

（2020/21年版「日本国勢図会」）

3 右の地形図について，次の問いに答えなさい。〈福井〉［7点×2］

⑴ 次の文を読んで，到着した建物は何か書きなさい。（　　　　　）

> 国民宿舎を北に向かって出発し，二手にわかれた道を左に進み，右に寺が見える三叉路を左に曲がった。つきあたりを右に曲がり西に向かうと，堀が見えてきた。右に曲がり学校を左に見ながら堀沿いをまっすぐ進むと，交差点の左角にある大きな建物に着いた。

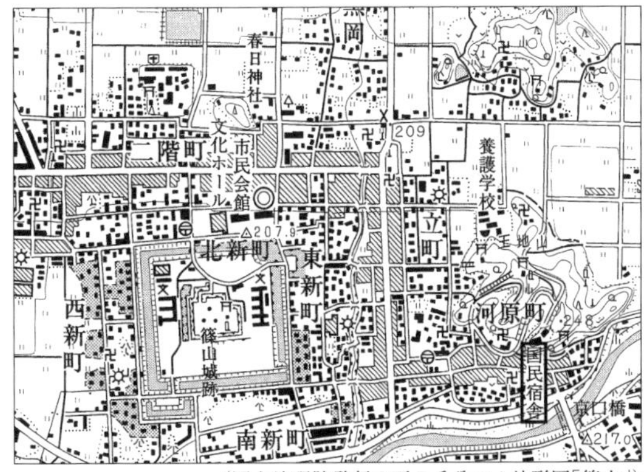

（国土地理院発行2万5千分の1地形図「篠山」）

⑵ 地形図の篠山城跡の周囲は7cmだった。実際の距離を求めなさい。（　　　　m）

4 ひとみさんは，「暮らしから見た日本の歴史」というテーマで発表するために，調べた内容を次のように9枚のカードにまとめ，時代が古いと思ったものから，A～Iのアルファベットを付け順番にならべた。これを見て，あとの問いに答えなさい。〈島根・改〉[3点×10]

A　大陸から稲作が伝えられ，人々は水田の近くに定住した。竪穴住居の近くには収穫した稲をたくわえるための高床の倉庫もつくられた。	B　律令制のもとで，人々はさまざまな負担を課せられた。重い負担からのがれるため，戸籍をいつわったり，居住地から逃亡する者もいた。
C　南蛮貿易がさかんになり，新しい学問や技術が伝えられた。また，出雲の阿国が始めたかぶき踊りなど，新しい庶民の娯楽も生まれた。	D　遣唐使派遣が停止され，日本独自の文化が花開くころ，社会不安が高まり，人々の間に極楽往生を願う浄土教（浄土信仰）がおこった。
E　村や町で生活する民衆は，文化の重要な担い手として成長した。能が大成され，民衆の生活や感情がよく表れている狂言も演じられた。	F　貨幣経済が広がるなかで，年貢などの負担増加と借金に苦しむ農民たちは，百姓一揆をおこし大名の城下へとおしよせた。
G　東京や横浜などの都市部では，れんがづくりの建築が増えた。牛鍋が流行し，洋服や帽子を身につける人の姿など新しい風俗が見られた。	H　日中戦争が長引くにつれ，統制経済のもとで人々の暮らしは苦しくなった。太平洋戦争末期には本土空襲が激化し，やがて敗戦を迎えた。
	I　高い経済成長率が続き，テレビや自動車などが普及し始めた。その一方で，過疎化や公害問題など新たな社会問題も発生した。

⑴ ひとみさんは，カードのうち，C，D，Eの3枚のカードの順番を間違えてならべたことに気がついた。この3枚のカードを時代の古い順に正しくならべかえて記号で答えなさい。　　(　　→　　→　　)

⑵ カードAについて，この時代の人々のくらしと最も関係の深いものを，次のア～エから1つ選び，記号で答えなさい。　　(　　)

ア

イ

ウ

エ

⑶ カードBについて，このころ，地方の国ごとに地名の由来・産物・伝承などについて記した書物がつくられた。この書物名を書きなさい。　　(　　　　)

⑷ カードCについて，ヨーロッパ人の来航や，その後の動きについて述べた文として正しいものを，次から1つ選び，記号で答えなさい。　　(　　)

ア コロンブスがインドに到達し，さらに日本への航路を開いた。
イ ポルトガル人を乗せた船が種子島に漂着して日本に鉄砲が伝わり，急速に広まった。
ウ イエズス会の宣教師ルターは，日本でキリスト教の布教に努めた。
エ ポルトガルやスペインにかわりイギリスが台頭し，鎖国下の日本とも貿易を続けた。

⑸ カードDについて，遣唐使派遣が停止された後のできごとを，次から1つ選び，記号で答えなさい。（　　）

ア 中大兄皇子らは，蘇我氏をたおし，中国にならった国づくりをめざした。

イ 桓武天皇は，都を平安京に移すと，都づくりと東北地方の支配に力を注いだ。

ウ 藤原道長は，娘を天皇のきさきにし，その子を天皇に立てて，政治の実権をにぎった。

エ 天武天皇は，律令にもとづく政治のしくみをつくろうとした。

⑹ カードEについて，このころの民衆文化の広がりの背景には民衆の地位の向上がある。特に農民の成長について，「農村では」という書き出しで，下の二つの語句を使い35字程度で説明しなさい。なお，二つの語句の使用順序は自由である。

惣　　おきて

（農村では　　　　　　　　　　　　　　　　）

⑺ カードFについて，右のグラフに関する説明文として正しいものを，次から1つ選び，記号で答えなさい。（　　）

グラフ　百姓一揆の発生件数（1600～1867年）

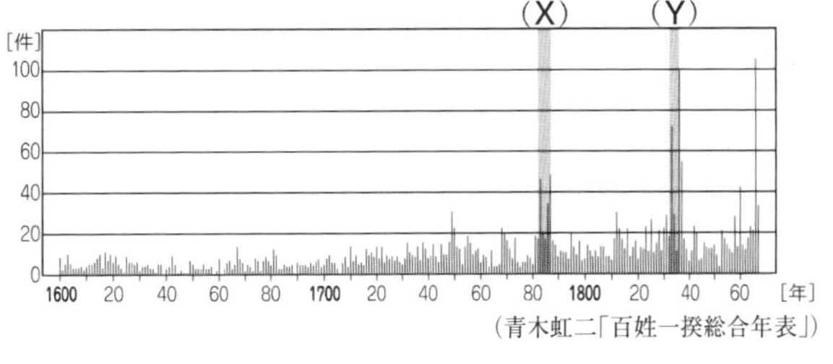

（青木虹二「百姓一揆総合年表」）

ア 17世紀はほとんど一揆は発生していないが，18世紀以降は発生件数が毎年増え続けている。

イ グラフ中のXの時期には，天明のききんがおこり，一揆が40件以上発生した年もある。

ウ グラフ中のYの時期には，享保のききんがおこり，一揆が毎年60件をこえた。

エ 開港後，諸外国との貿易が始まると，人々の生活も安定し，一揆が激減した。

⑻ カードGについて，欧米の文化がさかんに取り入れられたことを何というか，漢字4字で答えなさい。（　　　　）

⑼ カードHについて，日中戦争が始まってから太平洋戦争が終わるまでの間のできごとを説明した文として適当でないものを，次から1つ選び，記号で答えなさい。（　　）

ア 世界恐慌の影響が日本にもおよび，昭和恐慌とよばれる深刻な不況が始まった。

イ 国家総動員法が公布され，国民生活のすべてにわたって，戦争に動員されることになった。

ウ 沖縄戦や原子爆弾などによる大きな犠牲を払い，日本はポツダム宣言を受け入れて降伏した。

エ 皇民化の名のもとに，朝鮮では日本語の使用や創氏改名などがおし進められた。

⑽ カードIは，第二次世界大戦後の日本の様子を示したものである。このころのできごとである次の**ア**～**ウ**を時代の古い順にならべかえ，記号で答えなさい。

ア 日中平和友好条約を結んだ。　**イ** 日本が国際連合に加盟した。

ウ 沖縄が日本に復帰した。（　　→　　→　　）

第2回　総復習テスト

時間……30分　　解答➲別冊解答14ページ　　得点　／100点

1 次の略地図，資料，図，地形図を見て，あとの問いに答えなさい。〈滋賀・改〉［5点×9］

⑴ **資料1**があらわす気候帯と，同じ気候帯に属する都市を，**略地図1**の**あ**～**え**から1つ選び，記号で答えなさい。（　　）

略地図1

あ　い　う　え　A　B　C　D

資料1

気温（℃）　降水量（mm）

30　20　10　0　−10　400　300　200　100　0

1　3　5　7　9　11(月)

（「平成24年理科年表」より作成）

⑵ **資料2**は，**略地図1**の**A**～**D**の国の面積に占める，土地利用の割合について示したものである。**資料2**のⅣにあてはまる国を，**略地図1**の**A**～**D**から1つ選び，記号で答えなさい。（　　）

略地図2

P

⑶ **略地図1**と，東京からの距離と方位が正しい**略地図2**を見て，東京から**略地図1**の**A**～**D**の国へ移動した場合について，正しく説明しているものを次の**ア**～**エ**から1つ選び，記号で答えなさい。ただし，地球1周は約4万kmとする。（　　）

ア 最短距離で**A**国に向かうと，インド洋を越え，本初子午線（経度0度）を通過する。

イ 北西の方向に進み，インド洋を通過し，東京から約5,000kmで**B**国に到着する。

ウ 北東の方向に進み，太平洋を通過し，東京から約1万kmで**C**国に到着する。

エ 最短距離で**D**国まで15,000km以上あり，太平洋上で日付変更線を通過する。

資料2　（2017年）（単位：%）

国	耕地	牧草地	森林	その他
Ⅰ	2.3	18.5	23.4	55.8
Ⅱ	3.7	0.0	0.1	96.2
Ⅲ	7.4	20.3	58.0	14.3
Ⅳ	51.6	3.1	21.5	23.8

（2020/21年版「世界国勢図会」）

⑷ **略地図2**の**P**の大陸は，樹木が育たない気候帯に属している。その気候帯の特徴を書きなさい。（　　　　　　　　　　）

⑸ **図**の**ア**～**エ**は，島の形と，その島に関係することがらを（　　）内に示したものであり，島はそれぞれ**資料3**の①～④の県の一部である。日本海に位置している島を，**図**の**ア**～**エ**から1つ選び，記号で答えなさい。（　　）

図（縮尺は同一ではない）

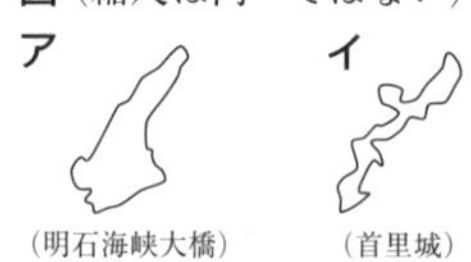

（明石海峡大橋）　（首里城）

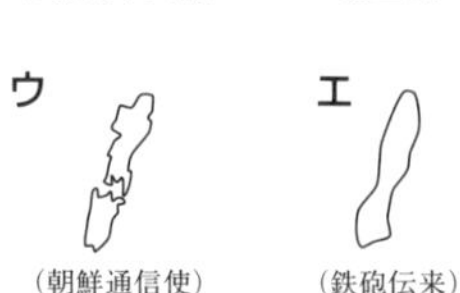

（朝鮮通信使）　（鉄砲伝来）

資料3

県	面積（km^2）（2018年）	人口（千人）（2018年）	県庁所在地の気温と降水量				海上輸送量（輸出）（千t）
			気温（℃）		降水量（mm）		
			1月	8月	1月	8月	
①	4,131	1,341	7.0	27.9	64.0	195.4	501
②	8,401	5,484	5.8	28.3	37.8	90.9	28,435
③	9,187	1,614	8.5	28.5	77.5	223.0	487
④	2,281	1,448	17.0	28.7	107.0	240.5	637

※海上輸送量（輸出）：その県内の港を利用して船で輸出された貿易貨物の量。

（2020年版「データでみる県勢」，「理科年表2021」）

(6) 図の**イ**の島がある県を，**資料３**の①～④から１つ選び，番号で答えなさい。　（　　）

(7) **地形図**に示した，地点**X**と地点**Y**を結ぶ●――●の長さは36mmである。実際の距離は何kmか。書きなさい。ただし，標高差は考えないものとする。

（　　　km）

地形図（縮尺1：50,000）

［国土地理院1：50,000地形図（平成10年発行）より作成］

(8) **地形図**は，**資料３**の②の県の一部であり，（楕円）で示したところは，ため池である。②の県名を書き，ため池が多くつくられた理由を，**資料３**，**地形図**を参考にして書きなさい。

県名（　　　県）

理由（　　　）

2 右の年表を見て，次の問いに答えなさい。〈静岡〉［5点×5］

(1) 下線部①が出されたことによって，その後，貴族や寺院などは，農民を使ってさかんに開墾を行った。下線部①で定められた内容を簡単に書きなさい。

（　　　）

時代	できごと
奈良	①墾田永年私財法が定められる
鎌倉	②承久の乱がおこる
明治	③大日本帝国憲法が発布される
昭和	④世界恐慌の影響を受ける

(2) 下線部②の後，鎌倉幕府が朝廷の監視などのために京都に置いたものは何か。次から１つ選び，記号で答えなさい。　（　　）

ア 六波羅探題　**イ** 執権　**ウ** 大宰府　**エ** 管領

(3) 伊藤博文らが下線部③の草案作成にあたって参考とした憲法は，どこの国の憲法か。その国名を書きなさい。また，その憲法を参考にしたのは，その憲法にどのような特徴があったからか，その特徴を簡単に書きなさい。

国名（　　　）

特徴（　　　）

(4) 下線部④に対する景気回復策として，アメリカはニューディール政策を実施した。このときのアメリカの大統領はだれか。次から１つ選び，記号で答えなさい。　（　　）

ア オバマ　**イ** ルーズベルト　**ウ** ケネディ　**エ** リンカン（リンカーン）

3 資料１～４を見て，次の問いに答えなさい。〈兵庫・改〉［5点×6］

(1) **資料１**は，儒教や仏教の考え方を取り入れた，役人の心得を示したものの一部である。**資料１**がつくられた時期に，小野妹子が中国に使節として派遣された。この使節を何というか。

資料１

> 一に曰く，和をもって貴しとなし，さからうことなきを宗とせよ。
> 二に曰く，あつく三宝を敬え。三宝とは仏・法・僧なり。

（　　　）

(2) **資料２**は，日本と中国との間で行われた貿易で用いられた勘合である。この貿易が始まったころの日本国内のようすについて述べた文として適切なものを，次から１つ選び，記号で答えなさい。(　　　)

資料２

ア 戦いに鉄砲が使用され，戦法にすぐれた武士が全国統一を進めた。

イ 院政の実権をめぐる対立から内乱が起き，武士がはじめて政治の実権を握った。

ウ 大名が２つに分かれて争い，勝利した大名が関東地方に幕府を開いた。

エ 南北朝が統一され，北朝と南朝に分かれての内乱がおさまった。

(3) **資料３**は，江戸時代の長崎港を描いた絵画の一部である。鎖国中の対外関係に関して述べた次の文章の［　　］に入る適切な語句を書きなさい。(　　　　　　)

資料３

> 幕府から貿易を許されたオランダ船と中国船は，長崎に入港し，海外の物産などを日本にもたらした。長崎以外でも，琉球から薩摩藩，朝鮮半島から対馬藩，アイヌの人々が住む蝦夷地から［　　］藩などを通じ物産などがもたらされ，琉球や朝鮮半島から使節も訪れた。

(4) **資料４**は，神戸港の毎年の外国貿易船入港数を示したグラフである。この港は江戸時代に諸外国と結ばれた修好通商条約にもとづき1867年に開港した。この条約には，日本にとって不利な内容として領事裁判権〔治外法権〕の承認のほかに，貿易に関しても不利な内容が含まれていた。その不利な内容を書きなさい。
(　　　　　　　　　　　　　　　　　　)

資料４

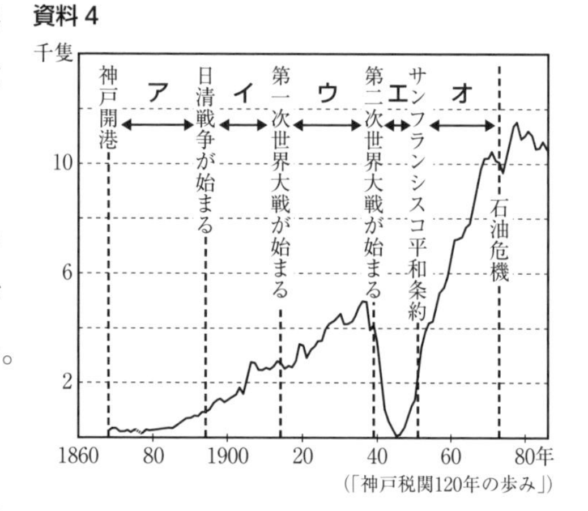

(「神戸税関120年の歩み」)

(5) 次の説明文は，**資料４**中の**ア**～**オ**のうち，いずれか１つの期間の産業のようすについて述べている。どの期間か，記号で答えなさい。(　　)

> 全国の綿糸や生糸の生産量が増加し，官営の八幡製鉄所も建設された。兵庫県でも綿糸生産量が増加し，綿糸が神戸港の輸出額の上位を占めた。

(6) **資料４**で，第二次世界大戦後の外国貿易船入港数が，戦前の最高入港数を追い越すまで回復した時期のことがらを，次から１つ選び，記号で答えなさい。(　　)

ア 日中平和友好条約が調印される。　**イ** 日本が国際連合へ加盟する。

ウ 大阪で万国博覧会が開催される。　**エ** 沖縄が日本へ復帰する。

中学1・2年の総復習 社会 三訂版

とりはずして使用できる!

別冊解答

実力チェック表

「基礎力確認テスト」「総復習テスト」の答え合わせをしたら，自分の得点をぬってみましょう。ニガテな単元がひとめでわかります。75点未満の単元は復習しましょう。
復習後は，最終ページの「受験合格への道」で受験までにやることを確認しましょう。

単元	得点 (0〜100点)	復習日
1日目 世界の姿，日本の姿	0 10 20 30 40 50 60 70 80 90 100(点)	月 日
2日目 人々の生活と環境	0 10 20 30 40 50 60 70 80 90 100(点)	月 日
3日目 世界の諸地域	0 10 20 30 40 50 60 70 80 90 100(点)	月 日
4日目 日本の地域的特色	0 10 20 30 40 50 60 70 80 90 100(点)	月 日
5日目 日本の諸地域と身近な地域の調査	0 10 20 30 40 50 60 70 80 90 100(点)	月 日
6日目 古代までの日本と世界	0 10 20 30 40 50 60 70 80 90 100(点)	月 日
7日目 中世の日本と世界	0 10 20 30 40 50 60 70 80 90 100(点)	月 日
8日目 近世の日本と世界	0 10 20 30 40 50 60 70 80 90 100(点)	月 日
9日目 近代の日本と世界	0 10 20 30 40 50 60 70 80 90 100(点)	月 日
10日目 二度の世界大戦と日本，現代の日本と世界	0 10 20 30 40 50 60 70 80 90 100(点)	月 日
総復習テスト①	0 10 20 30 40 50 60 70 80 90 100(点)	月 日
総復習テスト②	0 10 20 30 40 50 60 70 80 90 100(点)	月 日

①50点未満だった単元

→理解が十分でないところがあります。教科書やワーク，参考書などのまとめのページをもう一度読み直してみましょう。何につまずいているのかを確認し，克服しておくことが大切です。

②50〜74点だった単元

→基礎は身についているようです。理解していなかった言葉や間違えた問題については，「基礎問題」のまとめのコーナーや解答解説をよく読み，正しく理解しておくようにしましょう。

③75〜100点だった単元

→よく理解できています。さらに難しい問題や応用問題にも挑戦して，得意分野にしてしまいましょう。高校入試問題に挑戦してみるのもおすすめです。

1日目 世界の姿，日本の姿

基礎問題 解答

問題2ページ

1 ①3　②7　③ユーラシア　④北アメリカ　⑤大西　⑥インド　⑦アフリカ　⑧南アメリカ　⑨南極　⑩オーストラリア　⑪太平

2 ⑫赤道　⑬本初子午線　⑭緯線　⑮経線

3 ⑯ヨーロッパ　⑰アジア　⑱北アメリカ　⑲アフリカ　⑳オセアニア　㉑南アメリカ　㉒直線〔人為〕　㉓内陸国　㉔海洋国〔島国〕　㉕川〔河川〕

4 ㉖ユーラシア　㉗38　㉘3000　㉙与那国　㉚択捉　㉛南鳥　㉜沖ノ鳥　㉝排他的経済水域

5 ㉞標準時子午線　㉟135　㊱15　㊲9

6 ㊳中部　㊴近畿　㊵中国・四国　㊶九州　㊷北海道　㊸東北　㊹関東

基礎力確認テスト 解答・解説

問題4ページ

1 (1) エ　(2) イ　(3) ニューヨーク　(4) 南アメリカ大陸
(5) A　(6) 南緯30度，西経60度　(7) 右図参照

2 (1) ①イ　②ウ　(2) ①3　②右図参照　③北方領土
(3) ①海洋国〔島国〕　②オーストラリア

3 イ

1 (7)　　**2** (2) ②

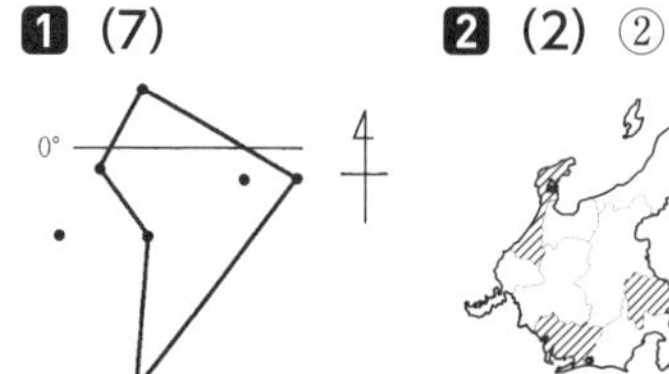

1 (1) **地図1**は，地図の中心からの距離と方位が正しく表される，**正距方位図法**で描かれている。この地図の中心は東京である。
(2) **赤道**は，東南アジアではインドネシアを通っているので，**イ**が赤道である。**ア**は南緯20度，**ウ**は北緯20度，**エ**は北緯40度の緯線である。
(3) **地図1**の中心である東京と各都市を直線で結んでみる。直線の長さが短い都市ほど，実際の距離も近いことになる。したがって，バンコク，シドニー，ニューヨーク，ブエノスアイレスの順に東京に近い。
(4) 南は，東京から見て下の方向である。通過する大陸は順に，**オーストラリア大陸→南極大陸→南アメリカ大陸→ユーラシア大陸**となる。**南アメリカ大陸**は，**地図1**では形が大きくゆがんでいるので，注意する。
(5) **地図2**では，2つの地点の間の最短航路は必ずしも直線にはならないので注意する。**地図1**の直線の最短航路は，シベリアや，アラスカなどを通っているので，**地図2**の**A**があてはまる。
(6) **地図2**は，経線，緯線とも，30度ごとに引かれていることに注意する。**Q**点の位置は**北半球，東半球**だが，**P**点は**南半球，西半球**である。
(7) 南アメリカ大陸は，南の方がややとがった形をしている。

2 (1) ①日本の面積は，世界で60番目くらいに大きい。
②京都府は**近畿地方**にあり，北部が日本海に面している。
(2) ①都道府県の中で海に面しておらず，内陸にあるのは，**栃木県・群馬県・埼玉県**（関東地方），**山梨県・長野県・岐阜県**（中部地方），**滋賀県・奈良県**（近畿地方）の8県である。
② 中部地方で県名と県庁所在地名が異なるのは，石川県（**金沢市**），山梨県（**甲府市**），愛知県（**名古屋市**）である。
③ 北方領土とは，**択捉島**，**国後島**，**色丹島**，**歯舞群島**のこと。
(3) ①**排他的経済水域**は，沿岸から200海里（約370km）までの，領海の外側の水域で，沿岸国が水域内の資源に関して優先権をもつ。日本は海洋国（島国）であり，本土から遠く離れた島も多いので，領土の面積のわりには排他的経済水域の面積が広い。
② **う**は，**あ**，**い**よりも領土の面積が小さいが，排他的経済水域の面積は大きいので，周りを海に囲まれたオーストラリアとわかる。

3 **A**地点には日本の**標準時子午線**（東経135度）が，**B**地点には0度の経線（**本初子午線**）が通っている。経度差が135度あるので，時差は，135（度）÷15（度）＝9（時間）となる。日本の方が9時間，時刻が進んでいる。

2日目 人々の生活と環境

基礎問題 解答

問題6ページ

1 ①冷帯〔亜寒帯〕 ②寒帯 ③乾燥帯 ④温帯 ⑤熱帯 ⑥氷雪気候 ⑦ツンドラ気候 ⑧砂漠気候 ⑨ステップ気候 ⑩温暖（温帯）湿潤気候 ⑪西岸海洋性気候 ⑫地中海性気候 ⑬熱帯雨林気候 ⑭サバナ気候 ⑮高山気候

2 ⑯シベリア ⑰いも ⑱イヌイット ⑲サヘル ⑳ぶどう ㉑リャマ ㉒地中海性 ㉓タイガ ㉔オアシス ㉕遊牧 ㉖熱帯雨林〔熱帯林〕 ㉗焼畑農業 ㉘キリスト教 ㉙仏教 ㉚イスラム教 ㉛ヒンドゥー教

基礎力確認テスト 解答・解説

問題8ページ

1 (1) ウ (2) イ

2 (1) Ⅰ 衣服イ 説明文C Ⅱ 衣服ウ 説明文A Ⅲ 衣服ア 説明文B (2) イ
(3) (例) 高床になっている〔床と地面の間に空間がある〕 (4) イ

1 (1) Aの地域は，モンゴル。モンゴルの気候は，大部分が**乾燥帯**で，北部は冷帯（亜寒帯）である。乾燥帯のうち，わずかに雨が降り，たけの短い草原が広がる**ステップ気候**の地域では，羊や馬などを，えさとなる草や水を求めて移動しながら飼育する**遊牧**が行われており，遊牧民は移動生活に便利なように，動物の毛でつくった，折りたたんで運べるテントの住居に住んでいる。したがって，**ウ**があてはまる。**ア**はほとんど雨が降らない砂漠気候で見られる。**イ**は草が多くとれるアンデスの高地などで見られる。**エ**は日差しの強い地中海沿岸などに見られる。
(2) Bの区域は，アンデス山脈の高地。**資料1**のPとQのうち，Pは標高が4000mを超えており，植物は育たないので，**リャマ**と**アルパカ**の**放牧**が行われている。Qでは，とうもろこしなどの栽培が行われている。また，**資料1**の地点Rは標高が約4000mである。標高が100m上がるにつれて気温は0.6℃ずつ下がるので，地点Rは同緯度の低地よりも気温が低いと考えられる。したがって，地点Rは**資料2**のⅡである。地点Rのような標高の高い地域の気候を**高山気候**という。

2 (1) 地図中のⅠの地域はシベリアで，冬の寒さが厳しい**冷帯（亜寒帯）**の気候なので，衣服は**イ**，説明文は**C**である。Ⅱの地域はアラビア半島で**乾燥帯**の気候なので，衣服は**ウ**，説明文は**A**である。Ⅲの地域はアンデス山脈の高地で，日差しが強く，日中と夜の寒暖差が大きい高山気候なので，人々は飼育しているアルパカの毛からつくったマントや帽子を身に着ける。よって，衣服は**ア**，説明文は**B**である。
(2) ロンドンは，温帯のうち，年間の気温や降水量の変化が小さい**西岸海洋性気候**なので，雨温図は**イ**があてはまる。モスクワは冷帯（亜寒帯）の気候なので，冬の気温が氷点下になっている**エ**，トンブクトゥは乾燥帯の**サヘル**にあるので，降水量が少ない**ア**，ケープタウンは温帯のうち，夏に乾燥する地中海性気候だが，南半球にあるので，北半球とは夏と冬が逆となり，6～8月ごろが気温が低く冬，12～2月ごろ気温が高く夏になっている**ウ**があてはまる。
(3) **資料1**のロシアの住居も，**資料2**のパプアニューギニアの住居も，床が地面から離れた高床になっている点に着目する。
(4) wはヨーロッパのスペイン。ヨーロッパにはキリスト教を信仰する人が多いので，Ⅰは**キリスト教**となる。xは北アフリカのエジプト。北アフリカから西アジア，中央アジア，東南アジアにかけての地域にはイスラム教徒が多いので，Ⅱは**イスラム教**となる。yは国民の約8割がヒンドゥー教徒であるインドなので，Ⅲは**ヒンドゥー教**となる。zは東南アジアのタイで，男子は一生に一度僧になって修行をする習慣があるほど仏教が生活に根づいているので，Ⅳは**仏教**である。

3日目 世界の諸地域

基礎問題 解答

問題10ページ

1 ①サウジアラビア　②メコン　③中国〔中華人民共和国〕　④韓国〔大韓民国〕　⑤ヒマラヤ　⑥長江　⑦インド　⑧インドネシア　⑨オーストラリア　⑩経済特区　⑪プランテーション　⑫アボリジニ

2 ⑬イギリス　⑭アルプス　⑮フランス　⑯ギニア　⑰南アフリカ共和国　⑱ロシア連邦　⑲ドイツ　⑳ライン　㉑サハラ　㉒ナイル　㉓偏西風　㉔混合農業　㉕地中海式農業　㉖EU　㉗ユーロ　㉘植民地　㉙レアメタル

3 ㉚ロッキー　㉛カナダ　㉜アメリカ合衆国　㉝ミシシッピ　㉞アマゾン　㉟アンデス　㊱ニューヨーク　㊲ブラジル　㊳パンパ　㊴サンベルト　㊵シリコンバレー　㊶ヒスパニック　㊷ポルトガル　㊸焼畑　㊹バイオエタノール〔バイオ燃料〕

基礎力確認テスト 解答・解説

問題12ページ

1 (1)（例）労働者の平均賃金が中国より低い東南アジア諸国　(2) ①ユーロ
②（例）（Pグループに比べ，Qグループは，）2018年の一人あたりの国民総所得が低く，2005年からの増加率は高い。
(3) X：鉄鉱石　Y：石炭

2 (1) ①米　②エ　③イ
(2) ①とうもろこし〔大豆〕　②a

3 (1) イ　(2) イ

1 **(1)** **資料1**を見ると，日本企業の進出数は，中国では減り続けているが，それ以外の**東南アジア諸国**では増え続けている。日本企業にとっては，労働者の賃金が低い方が有利なので，中国から東南アジア諸国へ工場を移す企業も多いと考えられる。
(2) ① **ユーロ**を使用している国の間では，買い物のときに通貨を交換したりする必要がないので，便利である。
② 2018年の一人あたりの国民総所得は，QグループはPグループよりも低いが，2005年からの増え方はいずれも2倍以上となっており，Pグループよりも増え方は大きい。
(3) **資料3**の**X**は第2位がブラジルなので**鉄鉱石**，**Y**は第2位以下がインドネシアやロシアとなっているので，**石炭**とわかる。

2 **(1)** ① **図1**の░░░の地域は，**長江**の流域周辺である。この地域は，**温暖で降水量が多い**ことから，**稲作地帯**となっている。よって，農産物は**米**となる。
② **a**は，主に**少数民族**の**チベット族**が住むチベット自治区である。ここでは，チベット仏教を信仰する人が多い。
③ 数量の分布（凡例）を見ると，沿海地域で多くなっていることに着目する。中国の沿海地域には，外国企業が進出しやすい条件を整えた**経済特区**が設置されているほか，工業が発達しているので，**日本企業の進出数**と考えることができる。
(2) ① **C**はアメリカ合衆国が生産量・輸出量ともに世界有数の**とうもろこし**および**大豆**の栽培地域である。**A**・**D**は**小麦**，**B**は**酪農**，**F**は**綿花**。**E**はその他の農業地域。
② アメリカ合衆国の西部には**高くけわしいロッキー山脈**，東部には**低くてなだらかなアパラチア山脈**がある。

3 **(1)** **インド**は中国に次いで**米**と**小麦**の生産量が多いので，**イ**があてはまる。インドは人口が10億人を超えているため，一人あたりのエネルギー供給量は，先進工業国である**ア**のアメリカや**ウ**のドイツに比べて少ない。米と小麦の生産量が最も多い**エ**が中国。面積と一人あたりのエネルギー供給量の数値が最も大きい**ア**がアメリカ，**ウ**がドイツである。
(2) アフリカは，**熱帯**が分布する**赤道**付近から，南北に向かって，**乾燥帯→温帯**と変化する。

4日目 日本の地域的特色

基礎問題 解答

問題14ページ

1 ①環太平洋　②アルプス・ヒマラヤ　③4分の3　④日本アルプス　⑤対馬海流
⑥親潮〔千島海流〕　⑦リアス海岸　⑧黒潮〔日本海流〕　⑨季節風　⑩四季　⑪梅雨
⑫台風　⑬火山　⑭津波　⑮防災マップ〔ハザードマップ〕

2 ⑯富士山　⑰つりがね　⑱つぼ　⑲少子高齢　⑳三大都市圏

3 ㉑火力発電　㉒原子力発電　㉓再生可能　㉔促成栽培　㉕抑制栽培　㉖近郊農業
㉗養殖漁業〔養殖業〕　㉘栽培漁業　㉙阪神工業地帯　㉚太平洋ベルト　㉛中京工業地帯
㉜京浜工業地帯

4 ㉝加工　㉞新幹線　㉟高速道路　㊱情報通信網〔高速通信網〕

基礎力確認テスト 解答・解説

問題16ページ

1 ウ，c

2 (1) イ　(2) ウ

3 (1) ア　(2) ①　あB　いC　うA
②（例）新鮮な野菜を，近くの大消費地にすぐ輸送できるから。

4 記号：エ　交通機関：航空

1 **造山帯（変動帯）**は，高くけわしい山脈があるだけでなく，大地の動きがさかんで，不安定であり，**地震**がおこりやすく，**火山**の活動も活発である。**環太平洋造山帯**に属する日本で，しばしば大きな地震がおこっているのも，そのせいである。また，図中の①～③の山脈は，3000m級の山々が連なり，**日本アルプス**とよばれている。①の**飛驒山脈**は**北アルプス**，②の**木曽山脈**は**中央アルプス**，③の**赤石山脈**は**南アルプス**ともよばれる。

2 **(1)** 日本海側は，日本海を流れる暖流の対馬海流の上空で湿気を帯びた**冬の季節風**が雪を降らせるので，気候グラフは冬の降水量が他の地域よりも多くなる。したがって，**イ**があてはまる。**ア**は，夏は気温が高くて降水量も多く，冬は降水量が少なくなる**太平洋側の気候**なので，横浜市。**ウ**は，冬も温暖で，降水量が少ない**瀬戸内の気候**なので，高松市。**エ**は冬の寒さがきびしい**北海道の気候**なので，札幌市。

(2) 日本近海では，寒流は南下し，暖流は北上する。太平洋側の暖流は**黒潮〔日本海流〕**，寒流は**親潮〔千島海流〕**である。

3 **(1)** ① **太平洋ベルト**は関東から九州北部にかけて，帯状に工業地帯・地域が連なる地域である。これらの工業地帯・地域はすべて海に面した地域に立地しているので，**臨海部**があてはまる。

② **IC〔集積回路〕**は軽量・小型であり，**航空機**や**トラック**でも大量に輸送できるので，**空港**や**高速道路**のインターチェンジ付近に製造工場が分布する。

(2) ① あは米の割合がとくに高いので，**水田単作地帯**の**越後平野**があるBの**新潟県**があてはまる。うは農業総産出額が非常に多く，畜産の割合が半分以上なので，Aの**北海道**があてはまる。残ったいは，**みかん**などの果実の栽培がさかんなCの**愛媛県**である。

② D県は**千葉県**。大消費地である東京に近いので，東京向けに野菜などを生産する**近郊農業**がさかんである。

4 **資料**で1980年と2018年の貨物輸送量が，減少している**ア**と**ウ**を除いて，**イ**は約1.2倍，**エ**は約3.4倍に増えている。よって，**エ**があてはまる。また，この交通機関は輸送量は最も少なく，**IC〔集積回路〕**といった**小型・軽量**である割に重量あたりの単価の高い工業製品や，**魚介類**，**生花**といった**鮮度**が重要で，すばやい輸送が求められる貨物をあつかっているので，**航空**である。**資料**の**ア**は**鉄道**，**イ**は**自動車**，**ウ**は**船舶**である。

5 日目 日本の諸地域と身近な地域の調査

基礎問題 解答

➡ 問題18ページ

1 ①北九州 ②有明 ③シラス ④瀬戸内 ⑤促成 ⑥アメリカ ⑦本州四国連絡橋

2 ⑧日本アルプス ⑨信濃 ⑩北関東〔関東内陸〕 ⑪琵琶 ⑫阪神 ⑬紀伊 ⑭中京 ⑮東海 ⑯利根 ⑰関東 ⑱京葉 ⑲京浜 ⑳京都 ㉑伝統的工芸品 ㉒中京 ㉓茶 ㉔ぶどう ㉕銘柄米 ㉖ニュータウン ㉗京浜 ㉘京葉 ㉙北関東〔関東内陸〕

3 ㉚石狩 ㉛白神 ㉜奥羽 ㉝根釧 ㉞十勝 ㉟リアス海岸 ㊱米 ㊲りんご ㊳さくらんぼ〔おうとう〕 ㊴養殖 ㊵アイヌ

4 ㊶等高線 ㊷縮尺 ㊸2 ㊹100000 ㊺1000

基礎力確認テスト 解答・解説

➡ 問題20ページ

1 (1) 2 (2) 近郊農業 (3) 福岡県 (4) ウ

2 (1) 農産物：米 県名：山形県 (2) ア (3) ①地方中枢 ②ウ

1 **(1)** **日本標準時子午線**にあたる**東経135度の経線**は，**兵庫県明石市**を通過する。兵庫県と山梨県の間にあるのは，表の中では，**愛知県**と**大阪府**である。

(2) **資料1**の上位5位までの県は東京都と同じ関東地方である。また，**資料2**の徳島，兵庫，和歌山の各県は大阪府の近隣に位置している。東京都や大阪府などは**大消費地**であり，これらの大消費地の近くでほうれんそうなどの野菜を生産・出荷する農業は**近郊農業**である。

(3) 表の**エ**は，いずれの項目においても際立った特色がないので，それ以外の都道府県から考えていく。**ア**は製造品出荷額が特に多いので，**中京工業地帯**がある**愛知県**と考えられる。**イ**は人口が山梨県に次いで少ないので，九州地方の**大分県**と考えられる。**ウ**は面積と農業生産額が際立って大きいので，**北海道**と考えられる。**オ**は人口が最も多いので，**東京都**と考えられる。**カ**は面積が最も小さく，製造品出荷額が2番目に多いので，**阪神工業地帯**がある**大阪府**と考えられる。したがって，**エ**は残った**福岡県**となる。

(4) **年齢別人口構成**を表す棒グラフを**人口ピラミッド**といい，一般に0～4歳，5～9歳などというように，5歳ごとの年齢階層で示す。**ア**は変化を表す**折れ線グラフ**よりも割合を表すのに適した**円グラフ**や**帯グラフ**がふさわしい。**イ**の「距離と方位が正しい地図」とは，図の中心からの距離と方位が正しい**正距方位図法**のこと。都道府県庁所在地の緯度と経度を比較するには，緯線と経線が直角に交わる地図のほうが適している。**エ**は，工場の数を調べても，全産業で働く人口はわからない。

2 **(1)** 新潟県，北海道，秋田県が上位を占めることから，この農産物は**米**と判断できる。また，**A**は東北地方の山形県である。なお，**B**は宮城県，**C**は福島県である。

(2) **漁獲量**は，北海道，東北，中国・四国，九州の割合が高くなると予想できる。よって，**ア**か**ウ**が考えられるが，**ウ**は中部地方の割合が高いので，面積と考えられる。したがって，漁獲量は**ア**である。**イ**の関東と中部の割合が高いのは，主要な工業地帯・地域があるからと考えられるので，**工業製品出荷額**である。**エ**は関東，近畿の割合が高く，北海道，東北，中国・四国の割合が低い。関東，近畿には過密地域が，北海道，東北，中国・四国には過疎地域が多いことから，**エ**は**人口**である。

(3) ① 地方の政治・経済の中心都市を**地方中枢都市**という。

② **地図2**は縮尺が**2万5千分の1**なので，**等高線**は**10mおき**に引かれている。ロープウェイのさんろく駅は標高70～80m，さんちょう駅は標高450～460m付近にあり，その標高差は最低でも370mある。よって，**ウ**が正解。**ア**は北西ではなく北東が正しい。**イ**は**針葉樹林**（Λ）ではなく**広葉樹林**（Q）である。**エ**は，5(cm)×25000＝125000(cm)＝1250(m)となる。

6日目 古代までの日本と世界

基礎問題 解答

➡問題22ページ

1 ①新人　②打製　③新石器　④エジプト　⑤メソポタミア　⑥中国　⑦インダス　⑧始皇帝

2 ⑨縄文　⑩弥生　⑪卑弥呼　⑫渡来人

3 ⑬唐　⑭聖徳太子〔厩戸皇子〕　⑮冠位十二階　⑯十七条の憲法〔憲法十七条〕　⑰遣隋使　⑱法隆寺　⑲大化の改新　⑳公地・公民　㉑壬申の乱　㉒大宝律令

4 ㉓平城京　㉔班田収授法　㉕墾田永年私財法　㉖租　㉗調　㉘防人　㉙天平　㉚国分寺　㉛正倉院

5 ㉜桓武　㉝坂上田村麻呂　㉞空海　㉟摂関　㊱藤原道長　㊲国風　㊳紫式部　㊴清少納言　㊵寝殿造　㊶浄土

基礎力確認テスト 解答・解説

➡問題24ページ

1 (1) ア　(2) 卑弥呼

2 (1) イ　(2) エ　(3) 渡来人

3 (1) ウ　(2) ア　(3) エ

4 十七条の憲法〔憲法十七条〕

5 (1) イ　(2) (例) 新たに開墾した土地の私有が認められた。

1 (1) 黄河流域におこり，**甲骨文字**がつくられたのは，紀元前16世紀ごろに成立した殷である。**イ**の秦は紀元前3世紀に中国を統一した王朝。**ウ**の漢は，秦のあとに中国を統一した王朝。**エ**の**隋**は6世紀末に中国を統一した王朝。

(2) **邪馬台国**は，弥生時代の紀元3世紀にあった国で，その女王は**卑弥呼**である。

2 (1) 写真は，大阪府にある**大仙古墳**で，**前方後円墳**という形の古墳。大規模な前方後円墳は，有力な豪族が多かった**奈良盆地**を中心とする地域に多く見られるので，**イ**の近畿地方が正しい。

(2) 古墳の上や周囲には，円筒型や人・家屋・馬などをかたどった土製品がならべられた。この土製品を**はにわ**という。**ア**は，縄文時代の人々が食べ物の残りかすなどを捨てた跡である。**イ**は，縄文時代の人々が魔除けや食物の豊かさなどを祈ってつくった人形である。**ウ**は，弥生時代に祭りのための宝物として使われたと考えられている**青銅器**である。

3 (1) 釈迦三尊像は，飛鳥時代，**聖徳太子**のころにつくられたものなので，聖徳太子の外交政策を選ぶ。聖徳太子は，中国の**隋**と対等の立場で国交を結ぼうとして，**小野妹子**らを**遣隋使**として派遣した。**ア**は室町時代，**イ**は安土桃山時代，**エ**は江戸時代。

(2) **銅鐸**がつくられたのは弥生時代。弥生時代は，大陸から伝わった**稲作**が広まったので，**ア**が正しい。**イ**は明治時代，**ウ**は旧石器時代，**エ**は室町時代。

(3) **寝殿造**は，平安時代の貴族の屋敷のつくり。国風文化が栄えたのは，平安時代の半ばである。このころは，藤原氏による**摂関政治**がさかんになっていたので，**エ**が正しい。**ア**は鎌倉時代，**イ**は鎌倉時代と室町時代の間，**ウ**は奈良時代のできごと。

4 聖徳太子は，天皇に仕える役人の心構えを示すために，仏教や儒教の考えを取り入れて**十七条の憲法**を定めた。

5 (1) **防人**は，任期3年。兵役の武器や旅費は自分で用意しなければならず，人々にとっては重い負担であった。

(2) 律令制度が確立した奈良時代は，**班田収授法**により，人々に**口分田**が支給され，その面積に応じて**租**という税が課せられていたが，人口の増加のため口分田が不足した。そこで朝廷は，口分田の不足を補うために墾田永年私財法を出した。これは，新たに開墾した土地の私有をゆるすことで，開墾をうながそうとしたものであった。その結果，重い税で逃亡した農民たちを使いながら貴族や寺社が開墾を進め，私有地を広げた。

7日目 中世の日本と世界

基礎問題 解答

問題26ページ

1 ①平将門 ②院政 ③平清盛 ④宋〔南宋〕
2 ⑤地頭 ⑥御恩 ⑦承久 ⑧六波羅探題 ⑨御成敗式目 ⑩二毛作 ⑪平家物語 ⑫金剛力士像 ⑬浄土真宗 ⑭禅宗 ⑮元寇〔蒙古襲来〕 ⑯フビライ〔フビライ・ハン〕 ⑰徳政令 ⑱後醍醐
3 ⑲建武 ⑳足利尊氏 ㉑守護大名 ㉒足利義満 ㉓琉球 ㉔倭寇 ㉕勘合
4 ㉖定期市 ㉗馬借 ㉘座 ㉙惣〔惣村〕 ㉚土一揆 ㉛一向一揆 ㉜町衆 ㉝応仁 ㉞下剋上 ㉟戦国大名 ㊱分国法〔家法〕 ㊲金閣 ㊳銀閣 ㊴東山 ㊵書院造 ㊶御伽草子〔お伽草子〕

基礎力確認テスト 解答・解説

問題28ページ

1 (1) イ (2) ア
2 (1) エ (2) ウ (3) 源義経
3 (1) 元寇〔文永の役，蒙古襲来〕 (2) ア (3) イ
4 (1) 北条泰時 (2) 六波羅探題 (3) 狂言 (4) 後醍醐天皇
5 (1) (例) 琉球王国は，周辺諸国と中継貿易〔明と朝貢貿易〕をさかんに行い，利益を得たから。
(2) 町衆

1 **(1)** 11世紀後半は，平安時代の後期。白河上皇が1086年に院政を開始した。**ア**は11世紀前半，**ウ**は12世紀後半，**エ**は13世紀前半(鎌倉時代)。
(2) 阿氏河荘とは，私有地である**荘園**のことで，所有者は荘園領主である。鎌倉時代になると，荘園に幕府の役人である**地頭**が入りこみ，土地に対する権利を強めていったので，農民は**荘園領主**と**地頭**とによる二重の支配に苦しめられた。よって，湯浅氏は地頭，訴えた相手は荘園領主である。

2 **(1)** ※は**征夷大将軍**。征夷大将軍は，もとは蝦夷をうつための官職であり，平安時代初めに**坂上田村麻呂**が任じられて東北地方に遠征した。のちに，この役職は武家の頭を意味するようになり，**源頼朝**が任じられた。
(2) 南北朝動乱期とは**後醍醐天皇**の南朝と，これに対抗して**足利尊氏**が立てた北朝が対立し，全国の武士が二手に分かれて争った時期。尊氏は，**守護**の権力を強めて，全国の武士をまとめようとしたので，**ウ**があてはまる。**ア**は奈良時代，**イ**は鎌倉時代，**エ**は大化の改新による改革のころ。

3 **(1)** 資料は，鎌倉幕府の御家人が自分の戦いぶりを描かせた「**蒙古襲来絵詞**」の一部であり，正確には1274年の**文永の役**のようすである。
(2) 絵の左側がモンゴル軍，右の騎馬武者が日本軍である。モンゴル軍は，3人で日本軍の騎馬武者一騎にあたっているので，**集団戦法**をとっていることがわかる。**イ**馬に乗っているのは日本軍の方である。**ウ**この資料からは日本軍の騎馬武者は弓を使っていることしかわからないので誤り。**エ**「てつはう」という火器を使ったのはモンゴル軍なので誤り。
(3) **元寇**のころモンゴルを支配していたのは，国号を元と改めた5代目の**フビライ・ハン**である。**ア**の**チンギス・ハン**は，モンゴル民族を統一した人物。**ウ**のナポレオンは19世紀初め，フランスの皇帝になった人物。**エ**の始皇帝は，紀元前3世紀に中国を統一して，秦を建てた人物。

4 **(1)** **北条泰時**は，御家人たちに裁判の基準を示すために**御成敗式目**を定めた。
(3) **狂言**は話し言葉を使って演じられ，庶民に喜ばれた。
(4) **後醍醐天皇**は鎌倉幕府の滅亡後，**建武の新政**を始めたが，公家重視の政治に対して武士たちの不満が高まった。そこで**足利尊氏**が挙兵し，京都に天皇を立てて(**北朝**)，征夷大将軍に任じられた。いっぽう，後醍醐天皇は吉野にのがれた(**南朝**)。

5 **(2)** 室町時代の京都で自治の中心になったのが**町衆**で，**応仁の乱**で途絶えた祇園祭の復興に力をつくした。

8日目 近世の日本と世界

基礎問題 解答

問題30ページ

1 ①コロンブス　②鉄砲　③南蛮　④（フランシスコ・）ザビエル　⑤織田信長　⑥楽市・楽座　⑦豊臣秀吉　⑧兵農分離　⑨桃山

2 ⑩関ヶ原　⑪老中　⑫武家諸法度　⑬参勤交代　⑭五人組　⑮朱印船　⑯日本町　⑰島原・天草　⑱出島

3 ⑲新田　⑳五街道　㉑大阪　㉒西廻り　㉓東廻り　㉔徳川綱吉　㉕株仲間　㉖享保　㉗田沼意次　㉘寛政　㉙百姓一揆　㉚異国船〔外国船〕打払令　㉛大塩平八郎　㉜天保

4 ㉝国学　㉞蘭学　㉟寺子屋　㊱元禄　㊲松尾芭蕉　㊳浮世絵　㊴化政　㊵川柳　㊶歌川〔安藤〕広重

基礎力確認テスト 解答・解説

問題32ページ

1 (1) ①南蛮貿易　②エ　(2) ①出島
②（例）将軍の代がわりの際に，朝鮮通信使が来るなど交流が続けられた。

2 (1) ウ　(2) 伊能忠敬

3 (1) 戦国大名：織田信長　記号：イ　(2) 刀狩令
(3)（例）一揆の中心人物が誰なのかをわからなくするため。　(4) ウ→イ→エ→ア

4 エ

1 (1) ① ポルトガル人やスペイン人は，**南蛮人**とよばれたので，これらの人々との貿易は**南蛮貿易**とよばれた。南蛮貿易では，中国産の**生糸**・**絹織物**や，ヨーロッパの毛織物・時計・ガラス製品などが輸入され，日本からはおもに**銀**が輸出された。
② 16世紀半ばから17世紀初めにかけての時期は，戦国時代から安土桃山時代にかけてのこと。安土桃山時代には，**桃山文化**が栄えた。よって，**エ**の**千利休**があてはまる。**ア**は江戸時代後期の文化。**イ**は平安時代の**国風文化**。**ウ**は室町時代の文化。
(2) ① オランダの商館が置かれた**出島**である。
② 朝鮮とは，**豊臣秀吉**による朝鮮出兵で国交が途絶えたが，**徳川家康**のときに**対馬藩**のなかだちで国交が回復され，**通信使**が来日するようになった。

2 (1) **朱印船**は，徳川家康から海外渡航の許可証である朱印状を受けた貿易船のこと。朱印船は，おもに**東南アジア**に出向き，中国船やヨーロッパ船と取り引きを行ったので，**日本町**は東南アジアに成立した。
(2) **異国〔外国〕船打払令**は，1825年に出された。このころは，西洋の技術や学問を学ぶ**蘭学**が発達しており，**伊能忠敬**は西洋の測量術を用いて，全国の沿岸を実測し，日本全図の作成にあたった。

3 (1) **安土**に巨大な城を築いたとあるので，**織田信長**であることがわかる。織田信長は古い制度をうち破り，新しい政策を次々に実施したが，**楽市・楽座**により，室町時代以来の同業者の団体で，営業の利益を独占してきた**座**を廃止したのも，その1つである。
(2) **豊臣秀吉**は，農民の一揆を防ぎ，農作業に専念させるため，**刀狩令**を出した。
(3) 江戸時代の農民による一揆を，**百姓一揆**という。ききんのときには，年貢の軽減などを要求する百姓一揆が多発した。一揆の中心人物は幕府や藩から厳罰に処せられた。
(4) **ウ**は**享保の改革**で，18世紀前半。**イ**（田沼の政治），**エ**（**寛政の改革**）はともに18世紀後半だが，**イ**が先に行われた。**ア**は**天保の改革**で，19世紀半ば。

4 江戸時代には，**千歯こき**や**備中ぐわ**などの農具が利用されるようになり，農作業の能率があがって生産量が増大した。**ア**～**ウ**は鎌倉時代の農業である。

9日目 近代の日本と世界

基礎問題 解答

問題34ページ

1 ①名誉 ②独立 ③人権 ④産業 ⑤資本主義 ⑥南北 ⑦アヘン ⑧南京 ⑨ペリー ⑩日米和親 ⑪日米修好通商 ⑫薩長 ⑬大政奉還

2 ⑭五箇条の御誓文 ⑮廃藩置県 ⑯富国強兵 ⑰徴兵令 ⑱地租改正 ⑲殖産興業 ⑳文明開化

3 ㉑自由民権 ㉒民撰議院設立（の）建白書 ㉓自由 ㉔伊藤博文 ㉕大日本帝国憲法〔明治憲法〕 ㉖天皇 ㉗貴族院 ㉘15 ㉙25

4 ㉚帝国主義 ㉛下関 ㉜ポーツマス ㉝孫文 ㉞八幡 ㉟田中正造 ㊱野口英世 ㊲夏目漱石

基礎力確認テスト 解答・解説

問題36ページ

1 (1) インド (2) エ (3) エ (4) 大政奉還 (5) 殖産興業 (6) ア
(7) (例) 日本が外国に領事裁判権〔治外法権〕を認めていたこと。 (8) 貴族院 (9) イ

2 ウ

1 (1) イギリスは中国（清）から**茶**や絹を大量に輸入するいっぽう，中国へは綿布などの工業製品を輸出したが，思うように売れなかったため，大幅な貿易赤字となっていた。そこでイギリスは，輸入品の支払いに麻薬である**アヘン**を密輸した。このアヘンは，当時イギリスの勢力範囲であったインドで栽培された。
(2) a当時の日本では生産されていなかった**毛織物**が多く輸入された。生糸は，日本の代表的な輸出品であった。b当初日本との貿易に意欲を示していたアメリカは，国内で**南北戦争**がおこったため，日本との貿易額は伸びず，かわってイギリスが最大の貿易相手国となった。
(3) **尊王攘夷**とは，天皇を尊び，外国勢力を打ち払おうとする考え方。開国し，貿易を始めた幕府の政策を批判した**薩摩藩**や**長州藩**は，実際に攘夷を実行した。**エ**は，その一例である。しかし，外国軍との戦いに敗れたこれらの藩は，方針を攘夷から倒幕へと変えた。
(4) **大政奉還**により，260年あまり続いた江戸幕府が滅亡した。
(5) **殖産興業**と並び，国を富ませ，強い軍隊をもつ**富国強兵**の政策が行われた。
(6) **地租改正**は，政府の財政を安定させるために行われたもので，課税の基準を，収穫高から**地価**に変え，さらに納付させるものを，江戸時代までの米から**現金**に変えたという点がポイントである。
(7) **ノルマントン号事件**とは，紀伊半島沖でイギリスの貨物船ノルマントン号が沈没した際，イギリス人の船長や乗組員は助かったが，日本人乗客25名全員が水死した事件。このとき，日本では外国人に**領事裁判権〔治外法権〕**を認めていたため，事件の裁判はイギリス領事によって行われた。船長は最初の裁判では無罪となり，日本政府の抗議によって再び行われた裁判でも，禁固3か月という軽い罰を受けただけで終わった。そのため，国民の間では，領事裁判権の撤廃を求める世論が高まった。
(8) 帝国議会は，国民による選挙で議員が選ばれる**衆議院**と，皇族，華族などで構成される**貴族院**の二院制であった。
(9) **ア**は江戸時代の**化政文化**のころに，主に風景画の浮世絵を描いた人物。**ウ**は明治時代に日本画の再興につくした人物。**エ**は明治時代に「荒城の月」などを作曲し，洋楽の道を開いた人物。

2 まず，**Z**は文に「日本と同盟関係にあり」とあるので，1902年に日本と日英同盟を結んだ**イギリス**とわかる。また，**X**と**Y**は三国干渉を行った国とある。三国干渉を行ったのは，**ロシア**，**フランス**，**ドイツ**であるから，ロシアかフランスのいずれかとなる。文から，**Y**は**Z**のイギリスと「アジアやアフリカの植民地化で対立していた」とあるので，フランスとわかる。よって，**X**はロシア，**Y**はフランスである。

10日目 二度の世界大戦と日本，現代の日本と世界

基礎問題 解答

問題38ページ

1 ①バルカン ②二十一か条の要求 ③ロシア革命 ④ソビエト社会主義共和国連邦〔ソ連〕 ⑤ベルサイユ ⑥国際連盟 ⑦ワシントン ⑧五・四 ⑨三・一独立 ⑩吉野作造 ⑪米騒動 ⑫原敬 ⑬普通選挙 ⑭治安維持 ⑮関東大震災

2 ⑯世界恐慌 ⑰ブロック ⑱ニューディール〔新規まき直し〕 ⑲ヒトラー ⑳満州事変 ㉑二・二六 ㉒国家総動員 ㉓太平洋戦争 ㉔ポツダム

3 ㉕日本国憲法 ㉖財閥 ㉗農地改革 ㉘労働組合 ㉙教育基本 ㉚国際連合〔国連〕 ㉛冷たい戦争〔冷戦〕 ㉜中華人民共和国 ㉝サンフランシスコ平和 ㉞日米安全保障〔日米安保〕 ㉟日ソ共同 ㊱日韓基本 ㊲高度経済成長

4 ㊳ベルリン ㊴EU〔ヨーロッパ連合〕 ㊵バブル

基礎力確認テスト 解答・解説

問題40ページ

1 (1) ①（例）賃金より物価の方が上昇率が高くなり，生活は苦しくなった。 ②ア
(2)（例）日本の国際連合への加盟

2 (1) ベルサイユ条約 (2) エ

3 (1) 吉野作造 (2) イ

4 (1) 農地改革 (2) ウ

1 (1) ① 第一次世界大戦中は，**重化学工業**が発展し，輸出額が輸入額を上まわり，好景気となったが，物価の上昇をまねき，労働者や零細な農民の生活はかえって苦しくなった。
② **資料1**中に，「**疎開班**」とあるので，太平洋戦争中，アメリカ軍による大都市への**空襲**(くうしゅう)が激しくなったころに行われた学童の**集団疎開**(そかい)を表している写真だとわかる。このころは，軍需品の生産が優先され，生活必需品の生産が圧迫を受けたことから物資が不足し，米などは**配給制**が取られた。よって，**ア**が正解。**イ**は明治(めいじ)時代，**ウ**は大正(たいしょう)時代，**エ**は1930年ごろの昭和恐慌(きょうこう)のようす。
(2) 下線部**b**は**日ソ共同宣言**による。日本は，独立を回復したのち，**国際連合**への加盟を申請していたが，ソ連が反対して実現しなかった。日ソ共同宣言の発表で，ソ連も日本の国連加盟を後押ししたため，加盟が実現した。

2 (1) **ベルサイユ条約**は敗戦国であるドイツに厳しすぎる負担を課したので，ドイツ国民の不満が高まった。この国民感情を利用して台頭したのが**ヒトラー**の率いる**ナチス**で，ヒトラーは「ベルサイユ条約の破棄」を唱え，再軍備をおし進めた。
(2) **エ**のテレビが登場したのは第二次世界大戦後で，**高度経済成長**の時期に家庭に普及した。大正時代に始まったのは**ラジオ放送**である。

3 (1) **吉野作造**(よしのさくぞう)は，**民本主義**(みんぽん)により，**普通選挙**(ふつう)の実施で民意を反映した議会政治を実現することを主張した。
(2) **普通選挙**とは，納税額などによる資格制限のない選挙のことである。**ウ・エ**は納税額の条件があるので，制限選挙である。また，日本で女性の参政権が認められたのは，第二次世界大戦後のことである。

4 (1) **農地改革**では，政府が地主の土地を強制的に買い上げて，小作農に安く売り，**自作農**を増やすという政策がとられた。
(2) **資料**は，品不足となったスーパーに人々がおしかけているようすを示している。**第4次中東戦争**では，イスラエルと対立した，産油国でもあるアラブ諸国が，イスラエルを支持する先進工業国をけん制するために，石油価格を上昇させるという政策をとった。これにより**石油危機**となり，先進工業国の経済は打撃を受けた。よって，**ウ**が正解。

第1回　総復習テスト

➲問題 42 ページ

解答

1　**(1) アフリカ大陸，ユーラシア大陸**
(2) ①北緯 30 度，東経 30 度　② 1 月 16 日 1 時〔午前 1 時〕 (3) ウ
(4) A：サウジアラビア　B：イタリア
(5) 記号：Q　理由：(例) 気温をみると，6 月から 8 月までが低く，12 月から 2 月までが高いため。

2　**(1) ア　(2) リアス**
(3) (例)各国が 200 海里以内を排他的経済水域として，自国以外の漁船の操業を制限したため。
(4) 名前：中京工業地帯　記号：B

3　**(1) 市役所　(2) 1750**

4　**(1) D→E→C　(2) エ　(3) 風土記　(4) イ　(5) ウ　(6) (例) (農村では) 農民が惣をつくり，自分たちでおきてを定めて村の運営を行った。(34 字)　(7) イ　(8) 文明開化**
(9) ア　(10) イ→ウ→ア

解説

1　**(1)**　**6 大陸**のうち，地続きである**ユーラシア大陸**と**アフリカ大陸**の全体が示されている。**北アメリカ大陸**と**オーストラリア大陸**の一部は示されているが，**南アメリカ大陸**と**南極大陸**はまったく示されていない。

(2) ① 地点Xは，イギリスのロンドン付近に引かれている**本初子午線**（経度 0 度）より 1 本東の経線上にあるので，経度は**東経 30 度**である。また，緯度 0 度の**赤道**（地図中に引かれた下から 2 番目の緯線）よりも 1 本北の緯線上にあるので，緯度は**北緯 30 度**である。
② 地点Yの経度は東経 120 度なので，地点Xとの経度差は 90 度。**経度差 15 度で 1 時間の時差**になるので，90÷15=6 より，時差は 6 時間になる。より東にある地点Yの方が時刻が進んでいるので，15 日 19 時（午後 7 時）の 6 時間後が地点Yの時刻になる。

(3) 写真には熱帯の草原の**サバナ**と**アフリカ象**が写っていると考えられる。熱帯は赤道付近に広がる気候なので，**ウ**（ケニア）があてはまる。**ア**と**エ**は冷帯〔亜寒帯〕，**イ**は乾燥帯である。

(4) 表の**A**は日本への主要輸出品の第 1 位が**原油**で，その割合が非常に高いので，世界的な**産油国**である**サウジアラビア**と考えられる。**B**は一人当たり国民総所得が最も高く，日本への主要輸出品は機械類の割合が高いので，**先進工業国**の**イタリア**と考えられる。**C**と**D**は一人当たり国民総所得が少ないのでいずれも発展途上国。人口が 10 億人以上の**D**が**インド**，**C**が**ベトナム**となる。

(5) 地点P，Qともに**温帯**の気候であるが，Pは**北半球**，Qは**南半球**にあるので，**季節が反対**になる。グラフの月平均気温を見ると，6 ～ 8 月が低く，12 ～ 2 月が高いので，日本などの北半球の都市とは逆になっており，南半球にあるQと考えられる。

2　**(1)**　愛知県は本州の中央に位置する**中部地方**の県で，近畿地方と隣接している。

(2)　**X**は**志摩半島**を含む三重県の太平洋岸の地域。山地が海に沈んでできた，岬と入り江が交互に入り組んでいる海岸を**リアス海岸**という。**三陸海岸**や**若狭湾**，愛媛県や長崎県の海岸などにも見られる。

(3)　**遠洋漁業**は日本から遠く離れた漁場で数か月がかりで行う漁業のこと。漁場が外国の水域にかかることもある。各国は水産資源保護などの目的で**排他的経済水域**を設定し，外国の漁船の操業を規制しており，このことが日本の遠洋漁業の漁獲量の減少に結びついている。

(4)　愛知県から三重県にかけて広がるのは，**中京工業地帯**である。中京工業地帯は，豊田市の自動車工業をはじめとする**機械工業**の割合が非常に高いという特色があるので，**資料 2 のB**があてはまる。**資料 2 のA**は**京浜工業地帯**，**C**は**阪神工業地帯**，**D**は**瀬戸内工業地域**。

3　**(1)**　文章の通りに地形図をたどってみる。この際，地図記号に注意する。寺は卍，学校は文（小・中学校）である。交差点の左角にある大きな建物とは◎（市役所）である。

(2)　**実際の距離＝地図上の長さ×縮尺の分母**

で求める。7(cm)×25000＝175000(cm)＝1750(m) となる。

3 (1)でたどったルート

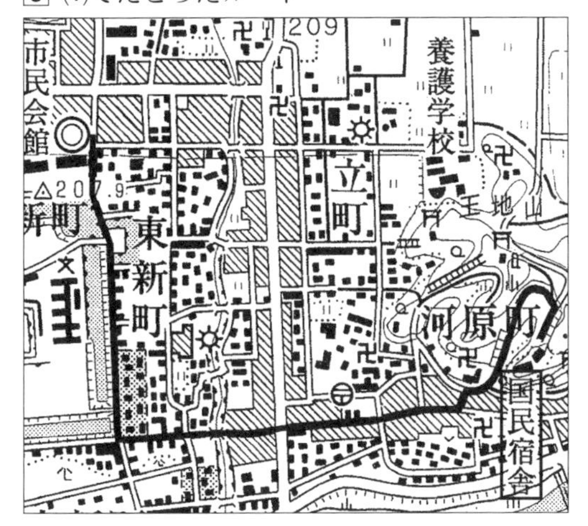

4 **(1)** **C**は,「**南蛮貿易**」・「**出雲の阿国**」から,**安土桃山時代**。**D**は「**遣唐使派遣が停止**」(894年)や「浄土教(浄土信仰)」から,**平安時代**。**E**は,室町幕府の3代将軍足利義満が保護した**世阿弥**らによる「**能**」から,**室町時代**。平安時代→室町時代→安土桃山時代の順に並べかえる。

(2) **A**は,「稲作が伝えられ」・「高床の倉庫」から,**弥生時代**。弥生土器を示している**エ**があてはまる。**ア**は江戸時代に発明され,脱穀の能率を飛躍的に向上させた**千歯こき**,**イ**は奈良時代,平城京で使用された貨幣の**和同開珎**,**ウ**は室町時代の田楽のようす。

(3) **B**は,「律令制」や「居住地から逃亡する者もいた」から,**奈良時代**。奈良時代には,歴史書の『**古事記**』や『**日本書紀**』,和歌集の『**万葉集**』などの書物がつくられたが,地方の国ごとにつくられた地誌は『**風土記**』である。

(4) **イ**は1543年の**鉄砲**伝来について述べている。**ア**の**コロンブス**はアメリカ大陸に到達した。ヨーロッパからアフリカ大陸の南端を回り,インドに達する航路を開いたのは**バスコ・ダ・ガマ**。**ウ**の**ルター**は,カトリックの信仰のあり方に疑問をいだき,**宗教改革**を始めた人物。宗教改革に対抗して**イエズス会**を結成し,布教のために来日したのは**フランシスコ・ザビエル**である。**エ**の鎖国以後も長崎への来航を許されたのは,イギリスではなく**オランダ**の船である。

(5) 遣唐使の派遣停止は平安時代の894年。**ウ**は11世紀前半の**摂関政治**について述べている。**ア**は7世紀中ごろに始まった**大化の改新**。**イ**は8世紀末の平安時代の始まり。**エ**は7世紀後半のこと。

(6) **惣**は室町時代の農村でつくられた自治的な組織である。惣のしくみでまとまった農民たちは,**寄合**を開いて農村のさまざまなことを話し合い,おきてを定めた。

(7) **天明のききん**は18世紀後半の**X**の時期におこった。1780年代に一揆の件数が40件を超えている年があるので,**イ**が正しい。**ア**は,17世紀も一揆は発生しており,18世紀以降は一揆の件数は増えたり減ったりしているので,誤りである。**ウ**の**Y**の時期におこったのは,**享保のききん**ではなく,**天保のききん**なので,誤りである。**エ**の開港後とは,1850～60年代のこと。このころは,100件を超える一揆が発生している年もあるので,誤りである。

(8) カード**G**は明治時代。都市を中心に,欧米の文化を取り入れようとする**文明開化**の風潮が高まったが,農村では江戸時代までとあまり変わらない生活がしばらく続いた。

(9) **日中戦争**が始まったのは1937年,**太平洋戦争**が終わったのは1945年。よって世界恐慌が始まったころ(1929年)の**ア**が適当でない。**イ**は1938年,**ウ**は1945年,**エ**は1940年ごろ。

(10) **ア**は1978年,**イ**は1956年,**ウ**は1972年。

第2回　総復習テスト

➲問題 46 ページ

解答

1 (1) え　(2) B　(3) エ　(4) (例) 雪や氷におおわれ，一年中寒さがきびしい。　(5) ウ
(6) ④　(7) 1.8
(8) 県名：兵庫　理由：(例) 降水量が少ないため，水田などの用水を確保するため。

2 (1) (例) 新たに開墾した土地の永久所有が認められる。　(2) ア
(3) 国名：ドイツ〔プロイセン，プロシア〕　特徴：(例) 君主権が強い。　(4) イ

3 (1) 遣隋使　(2) エ　(3) 松前　(4) (例) 関税自主権がなかった。　(5) イ　(6) イ

解説

1 **(1)** **資料1**は，**四季**の変化が明らかで，季節ごとに降水量が変化する**温帯**の気候である。よって，**え**があてはまる。**資料1**は北半球の都市だが，**え**は**南半球**の都市なので，**12～2月が夏**，**6～8月が冬**にあたる。**あ**は寒さがきびしい冬と短い夏がある冷帯〔亜寒帯〕の気候，**い**は1年じゅう気温が高く，降水量も多い熱帯の気候，**う**は1年じゅう寒さがきびしく氷と雪に閉ざされた寒帯の気候である。

(2) **資料2**のⅣは耕地の割合が約50％なので，**米**と**小麦**の生産量が世界有数である**B**の**インド**があてはまる。Ⅱは牧草地と森林の割合が非常に低いので，**砂漠**が広がる**A**の**エジプト**である。Ⅲは，森林の割合が高いので，**アマゾン川**流域に広大な**熱帯林**が広がる**C**の**ブラジル**である。残ったⅠは**D**の**チリ**で，国土の大部分が**アンデス山脈**の高地がしめるので，耕地の割合は低い。

(3) **略地図2**の中心から外円までは地球半周分なので約2万km。よって，円は半径5000kmごとに引かれている。**D**国までは円を3つ以上越えるので距離は15,000km以上，途中太平洋上で180度の経線付近に引かれた日付変更線を越えるので，**エ**が正しい。**A**国までは三大洋のいずれもと，本初子午線を通過しないので，**ア**は誤りである。東京から**B**国へは西の方向に進むことになるので，**イ**は誤りである。東京から**C**国までは15,000km以上あるので，**ウ**は誤りである。

(4) 樹木が育たない気候帯は，降水量が少ない寒帯や乾燥帯，高山の気候である。**P**の**南極大陸**は，**寒帯**の気候である。

(5) **ウ**の**対馬**（長崎県）が**日本海**にある。**ア**の**淡路島**（兵庫県）は瀬戸内海，**イ**の**沖縄島**は太平洋と東シナ海の間にある。**エ**の**種子島**（鹿児島県）は太平洋にある。

(6) 沖縄県は1年じゅう気温が高く，降水量も多い**亜熱帯の気候**である。1月と8月の気温と降水量の値がともに大きい**資料3**の④があてはまる。なお，**資料3**の①は面積と人口の値が④の沖縄県に次いで低いので長崎県，③は面積が最も大きいので鹿児島県である。

(7) 地形図の**縮尺**は**1：50,000**なので，実際の距離は36mm＝3.6cm×50,000=180,000cm＝1800m=1.8kmとなる。

(8) **資料3**の②は人口と海上輸送量が多いので，**大阪大都市圏**が広がり，国際的な港湾都市である**神戸市**を県庁所在地とする**兵庫県**である。神戸市がある瀬戸内海沿岸は，②の8月の降水量が他の県庁所在地に比べて少ないことからもわかるように，**瀬戸内の気候**である。また，地形図中には[ıı"ıı]の地図記号（田）が多いので，**ため池**は農業用水を確保するためと考えられる。

2 **(1)** **口分田**が不足してきたので，743年，朝廷は**墾田永年私財法**を出して，新しく開墾した土地の永久私有を認めた。貴族・寺院などがさかんに開墾を行って私有地を増やしていったため，**公地・公民**の原則がくずれ始めた。

(2) **イ**は**鎌倉幕府**の将軍の補佐役。**ウ**は**律令制度**のもとで北九州に置かれ，九州の政治や外交・防衛をになった役所。**エ**は**室町幕府**の将軍の補佐役。

(3) 欧米諸国の中で近代化がおくれていたドイツ〔プロイセン〕は，首相の**ビスマルク**を中心に**富国強兵**をおし進め，**ドイツ帝国**を建てた。ドイツ憲法は皇帝や行政の権限が強いものだったので，立憲政治の確立をめざしていた日本はこの国の憲法を参考にした。

(4) **ア・ウ**は第二次世界大戦後の大統領。**エ**は**南北戦争**の際に**奴隷解放**を宣言するとともに，「人民の，人民による，人民のための政治」の演説を行ったことで知られる大統領。

3 **(1)** **資料1**は，**聖徳太子**が定めた**十七条の**

憲法である。このころの中国を統一していたのは**隋**である。
(2) **資料 2** は日本と明との間の貿易で用いられた**勘合**。勘合は，正式の貿易船と，当時中国大陸沿岸をおそっていた海賊の**倭寇**の船とを区別するために用いられた。**勘合〔日明〕貿易**は，室町時代の 15 世紀初めに始まった。**エ**は 1392 年，室町幕府 3 代将軍の**足利義満**のころのできごと。**ア**は戦国時代，**イ**は平安時代，**ウ**は江戸時代の始まりのころ。
(3) 蝦夷地（北海道）にあった**松前藩**は，わずかな米と引きかえに**アイヌの人々**から大量のさけやこんぶなどの海産物を手に入れて大きな利益を得た。
(4) 輸入品にかける関税を自主的に決める**関税自主権**は，1911 年に完全に回復された。
(5) 官営の**八幡製鉄所**は，**日清戦争**の講和条約である**下関条約**で，日本が清から得た**賠償金**の一部を使って建設され，1901 年に操業を開始したので，日清戦争と第一次世界大戦の間の時期である**イ**があてはまる。
(6) 戦前の最高入港数を追い越した時期は，1950 年代後半である。**イ**は 1956 年のできごと。**ア**は 1978 年，**ウ**は 1970 年，**エ**は 1972 年のできごと。

受験合格への道

受験の時期までにやっておきたい項目を，
目安となる時期に沿って並べました。
まず，右下に，志望校や入試の日付などを書き込み，
受験勉強をスタートさせましょう！

受験勉強スタート！

中学1･2年生の内容を固める

まずは本書を使って中学１・２年生の内容の基礎を固めましょう。**苦手だとわかったところは，教科書やワークを見直しておきましょう。**自分の苦手な範囲を知って，基礎に戻って復習し，克服しておくことが重要です。

中学３年生の内容を固める

中学３年生の内容は，**学校の進み具合に合わせて基礎を固めていくようにしましょう。**教科書やワーク，定期テストの問題を使って，わからないところ，理解していないところがないか，確認しましょう。

応用力をつける

入試レベルの問題に積極的に取り組み，応用力をつけていきましょう。**いろいろなタイプの問題や新傾向問題を解いて，あらゆる種類の問題に慣れておくことが重要です。**夏休みから受験勉強を始める場合，あせらずまずは本書で基礎を固めましょう。

志望校の対策を始める

実際に受ける学校の過去問を確認し，傾向などを知っておきましょう。過去問で何点とれたかよりも，出題形式や傾向，雰囲気に慣れることが大事です。また，似たような問題が出題されたら，必ず得点できるよう，復習しておくことも重要です。

最終チェック

付録の「要点まとめブック」などを使って，全体を見直し，理解が抜けているところがないか，確認しましょう。**入試では，基礎問題を確実に得点することが大切です。**

入試本番！

志望する学校や入試の日付などを書こう。

持っておくと便利！

中学1・2年の総復習［三訂版］社会 要点まとめブック

世界の姿

1 世界の姿と世界の地域区分

①地球の大きさ…赤道の全周は約**4万km**。陸地と海洋の面積比は**3：7**。

重要 ②六大陸…大きい順に，**ユーラシア大陸**，**アフリカ大陸**，**北アメリカ大陸**，**南アメリカ大陸**，**南極大陸**，**オーストラリア大陸**。

▲大陸と海洋，州区分

重要 ③三大洋…大きい順に，**太平洋**，**大西洋**，**インド洋**。

④州…**アジア州**，**ヨーロッパ州**，**アフリカ州**，**北アメリカ州**，**南アメリカ州**，**オセアニア州**。

- **アジア州**はさらに，**西アジア**，**南アジア**，**中央アジア**，**東南アジア**，**東アジア**に分けられる。

注意！ ⑤**緯度**…南北の位置を表す。**緯度0度**の**赤道**よりも南を**南緯**，北を**北緯**で表す。

注意！ ⑥**経度**…東西の位置を表す。**経度0度**の**本初子午線**よりも東を**東経**，西を**西経**で表す。

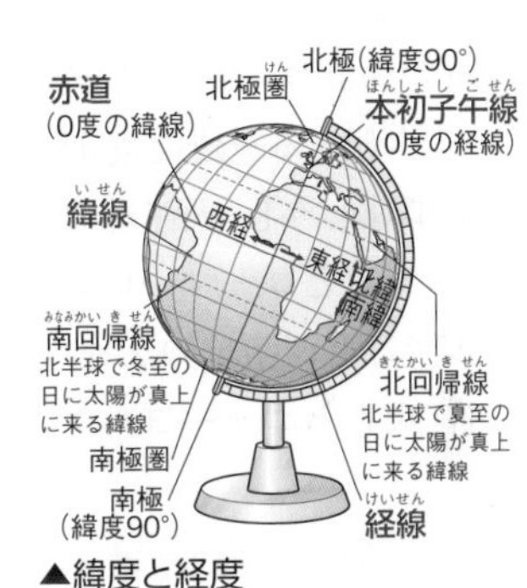

▲緯度と経度

⑦**白夜**…北極，南極付近では夏至のころ，夜になっても太陽が完全に沈まない。

⑧**国境**…緯線や経線を利用した**直線的国境**，山脈や川などの**自然的国境**がある。

⑨**海洋国〔島国〕**…海に囲まれた国 例 日本，フィリピン，ニュージーランドなど。

⑩**内陸国**…海に面していない国 例 モンゴル，スイス，ボリビアなど。

1位 ロシア連邦 日本の約45倍
2位 カナダ 日本の約26倍
3位 アメリカ合衆国 日本の約25倍
4位 中国 日本の約25倍

▲面積が大きい国

日本の姿

1 日本の位置と領域

▲日本の領域

重要 ①日本の大きさ…面積は約**38万km²**，列島の長さは約**3000km**。

②日本の範囲…南北はおよそ**北緯20～46度**，東西はおよそ**東経122～154度**。南端は**沖ノ鳥島**，北端は**択捉島**，東端は**南鳥島**，西端は**与那国島**。

重要 ③**排他的経済水域**…**領海**（**12海里**）の外側で海岸線から**200海里**までの水域。沿岸国に水域内の鉱産資源や水産資源の優先権がある。

④**北方領土**…**択捉島**，**国後島**，**色丹島**，**歯舞群島**。**ロシア連邦**に占拠されている。

2 標準時と時差

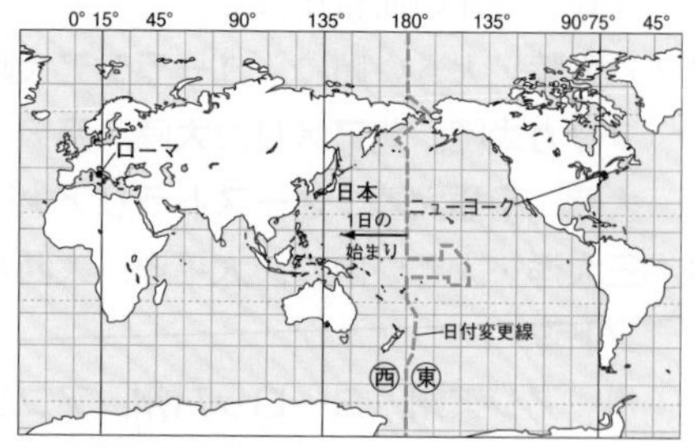

▲標準時と時差

● **時差**…各国・地域が**標準時子午線**上で決める標準時の差。

● 日本の標準時子午線…兵庫県明石市を通る**東経135度**の経線。

注意！● 時差の計算…地球は24時間で1回転（360度）自転する→**経度差15度で1時間の時差**。

・東半球どうし，西半球どうしの2地点間の時差→(大きい経度－小さい経度)÷15度。

例 東京とローマ…(135度－15度)÷15＝8時間

・東半球と西半球の2地点間の時差→両地点の経度の和÷15

例 東京とニューヨーク…(135度＋75度)÷15＝14時間

3 日本の地方区分

● **都道府県**…**1都**（東京都）・**1道**（北海道）・**2府**（大阪府・京都府）・**43県**。

北海道(札幌市)	石川県(金沢市)
岩手県(盛岡市)	山梨県(甲府市)
宮城県(仙台市)	三重県(津市)
茨城県(水戸市)	滋賀県(大津市)
栃木県(宇都宮市)	兵庫県(神戸市)
群馬県(前橋市)	島根県(松江市)
埼玉県(さいたま市)	香川県(高松市)
神奈川県(横浜市)	愛媛県(松山市)
愛知県(名古屋市)	沖縄県(那覇市)

▲道県名と異なる道県庁所在地名

▲7地方区分

人々の生活と環境

1 世界の気候区分

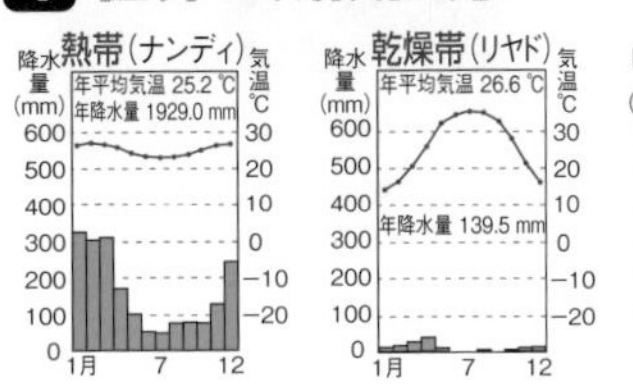

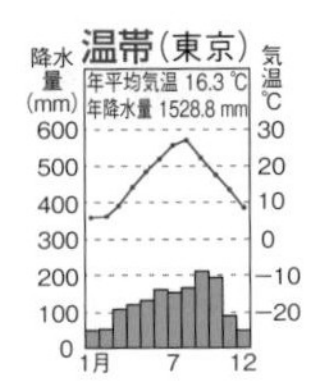

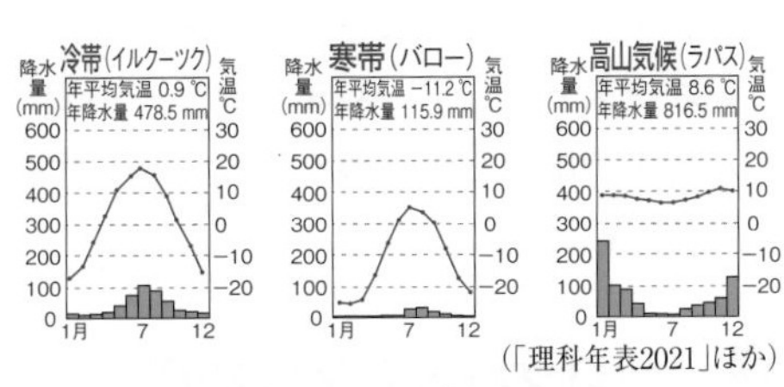

(「理科年表2021」ほか)

重要 ● **熱帯**…年じゅう高温で降水量が多い。赤道付近に分布。**熱帯林**が生育。

● **乾燥帯**(かんそう)…年じゅう降水量が少ない。草や水を求めて家畜を連れて移動する**遊牧**。砂漠(さばく)で水が得られる**オアシス**。

● **温帯**…**四季の変化**が見られる。

● **冷帯〔亜寒帯〕**(あ)…冬の寒さがきびしく，夏は短い。針葉樹の森林**タイガ**が分布。

● **寒帯**…年じゅう氷雪に閉ざされている。

● **高山気候**…気温の変化が少ない。アンデスの高地で**リャマ**や**アルパカ**を飼育。

▲気候グラフと世界の気候区分

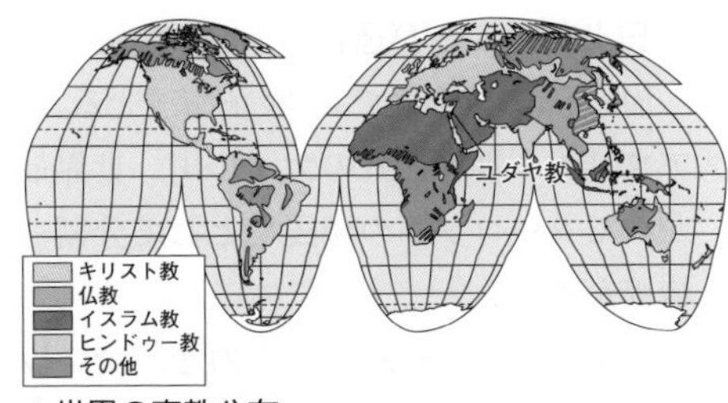

▲世界の宗教分布

2 世界の宗教

● **キリスト教**…クリスマスの行事がある。

注意！ ● **イスラム教**…聖地**メッカ**に向かい1日に5回**礼拝**する。豚(ぶた)肉を食べない。

● **仏教**…タイなどでは男性が僧(そう)になって修行する習慣がある。

● **ヒンドゥー教**…**インド**の民族宗教。**牛**を大切にする。

世界の諸地域

1 アジア・オセアニアの国々

①アジア…**季節風〔モンスーン〕**の影響を受ける。

● **中国**…高齢化が進み，2015年に**一人っ子政策**を廃止。**漢族〔漢民族〕**(かんぞく)と少数民族。華中(かちゅう)・華南(かなん)で**米**，華北(かほく)で**小麦**を生産。**経済特区**に外国企業を誘致。

● **韓国**(かんこく)…台湾(たいわん)，ホンコン，シンガポールとともに**アジアNIES**(ニーズ)（新興工業経済地域）に数えられる。

▲アジアの国々

● 東南アジア…10か国が**ASEAN**(アセアン)**〔東南アジア諸国連合〕**に加盟。**プランテーション**。

● **インド**…米・小麦・茶の生産。**ICT（情報通信技術）産業**。

重要 ● **サウジアラビア**…ペルシャ湾岸に油田。**OPEC〔石油輸出国機構〕**に加盟。

②オセアニア…さんごしょうや火山の島々。

● **オーストラリア**…**牧羊**・牧牛，小麦栽培。**石炭**・**鉄鉱石**を産出。**白豪主義**をやめ，**多文化社会**をめざす。先住民は**アボリジニ**。

▲オセアニアの国々

2 ヨーロッパ・アフリカの国々

①ヨーロッパ…**暖流**と**偏西風**の影響で高緯度でも温暖。

注意! ● **混合農業**…穀物栽培と家畜の飼育を組み合わせた農業。

● **地中海式農業**…**ぶどう**・**オリーブ**などの果樹と小麦を栽培する農業。

● **ドイツ**…ルール工業地域がある。

● **フランス**…EU最大の農業国。首都パリは国際観光都市。

▲ヨーロッパの国々

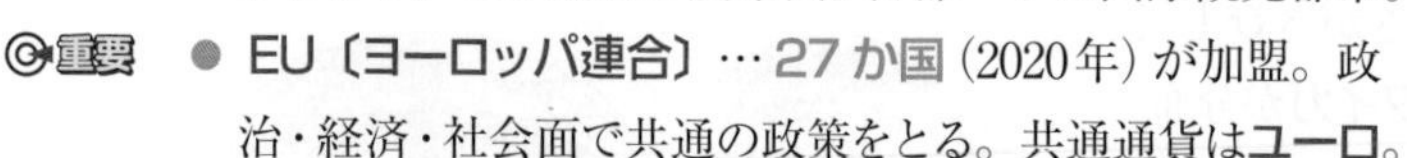

重要 ● **EU〔ヨーロッパ連合〕**…**27か国**(2020年)が加盟。政治・経済・社会面で共通の政策をとる。共通通貨は**ユーロ**。

②アフリカ…世界最長の**ナイル川**，世界最大の**サハラ砂漠**。かつてヨーロッパの**植民地**として分割→現在も直線の国境線が多い。

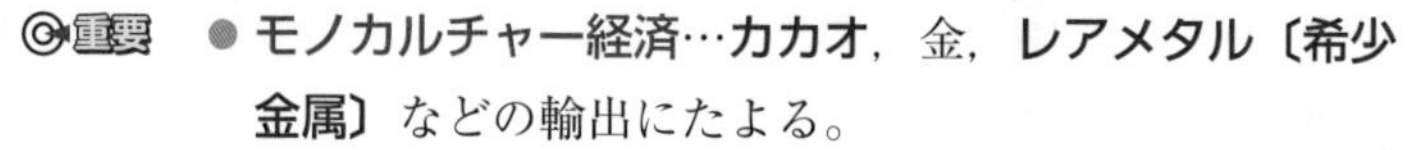

重要 ● **モノカルチャー経済**…**カカオ**，金，**レアメタル〔希少金属〕**などの輸出にたよる。

● **南アフリカ共和国**…かつての**アパルトヘイト〔人種隔離政策〕**を廃止。

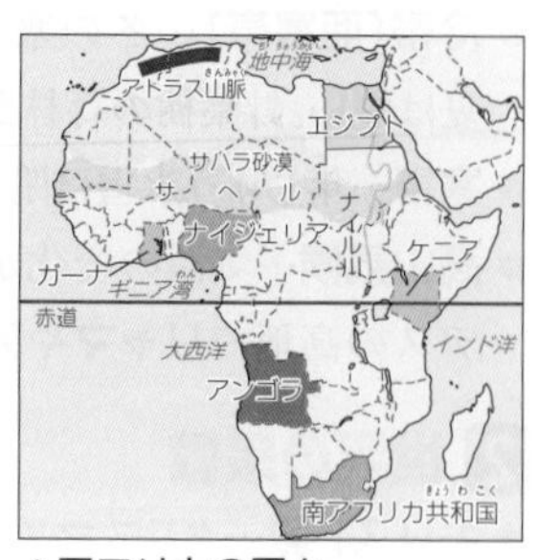

▲アフリカの国々

3 北アメリカ・南アメリカの国々

①北アメリカ…太平洋側に**ロッキー山脈**。

重要 ● **アメリカ合衆国**…適地適作の**企業的農業**。**「世界の食料庫」**。**サンベルト**や**シリコンバレー**で先端技術産業やICT産業。**ヒスパニック**(中南米からのスペイン語系の移民)が多い。**ニューヨーク**は世界の政治・経済の中心都市。

● **カナダ**…アメリカ合衆国，**メキシコ**とともにUSMCAという貿易協定を結ぶ。

②南アメリカ…太平洋側に**アンデス山脈**。

▲北アメリカ・南アメリカの国々

● **ブラジル**…世界最大の**コーヒー**の生産・輸出国。さとうきびを原料とする**バイオエタノール**の生産がさかん。**鉄鉱石**の産出・輸出，鉄鋼の生産がさかん。**アマゾン川**流域の開発で**熱帯林**が消失する環境問題。**ポルトガル語**を公用語とする。

日本の地域的特色

1 自然

重要 ①**造山帯**…**高くけわしい地形**で，**地震**や**火山の活動**が活発。**環太平洋造山帯**と**アルプス・ヒマラヤ造山帯**。

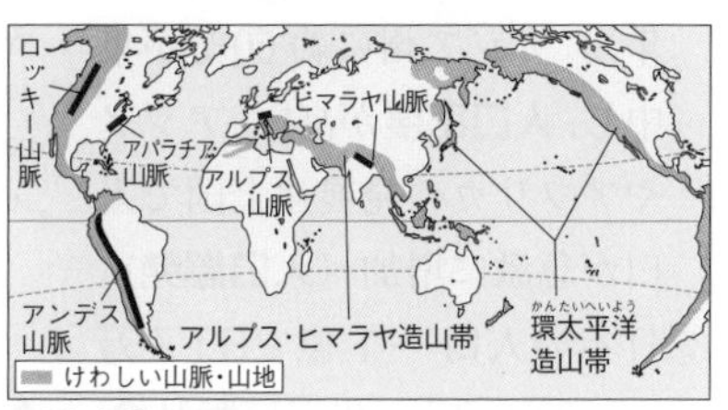

▲造山帯

②日本の国土…約 **4 分の 3** が**山地・丘陵地**。

重要 ③**日本アルプス**…高くけわしい**飛驒山脈**，**木曽山脈**，**赤石山脈**。

重要 ④**リアス海岸**…山地が海に沈んでできた複雑な海岸線。

⑤海流…**寒流**の**親潮〔千島海流〕**とリマン海流。**暖流**の**黒潮〔日本海流〕**と**対馬海流**。

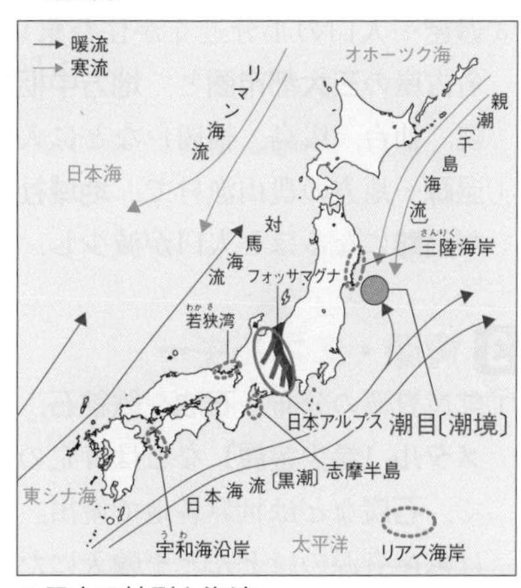

▲日本の地形と海流

注意！ ⑥日本の川…**短くて流れが急**。山地から平地に出るところに**扇状地**，河口に**三角州**をつくる。

⑦日本の気候…大部分が**温帯**。夏と冬で風向が反対になる**季節風〔モンスーン〕**の影響で，**四季**が明確。北海道は**冷帯〔亜寒帯〕**，南西諸島は**亜熱帯**の気候。**梅雨**や**台風**のため，降水量が多い。

⑧自然災害…**地震**と**津波**（2011 年の**東日本大震災**）。**火山の噴火**。**台風**による暴風や高潮。干害〔干ばつ〕。東日本の冷害。防災のための**ハザードマップ〔防災マップ〕**。

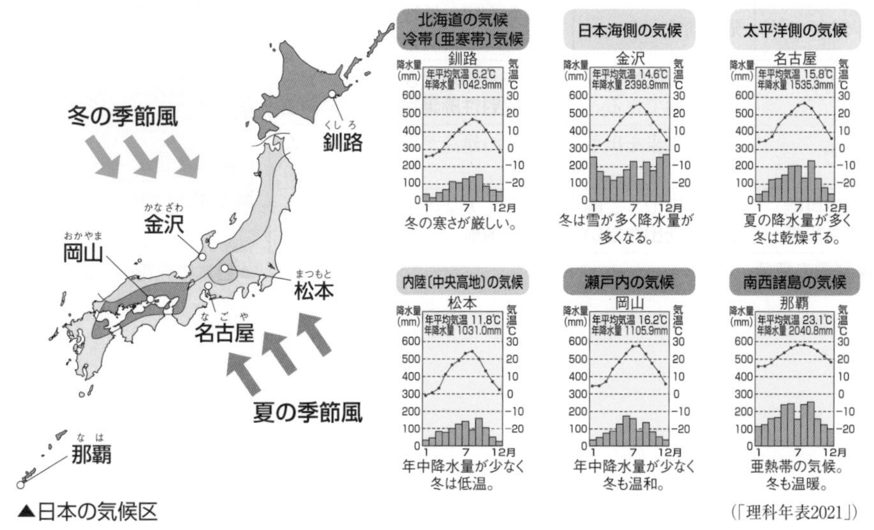

▲日本の気候区

（「理科年表2021」）

2 人口

重要 ①世界の人口…約**78億人**(2020年)。アジア州に約60%が集中し，**人口密度**が高い。アジアやアフリカの発展途上国で人口が急激に増加（**人口爆発**）。

②日本の人口…**1億2617万人**（2019年）。**少子高齢社会**。

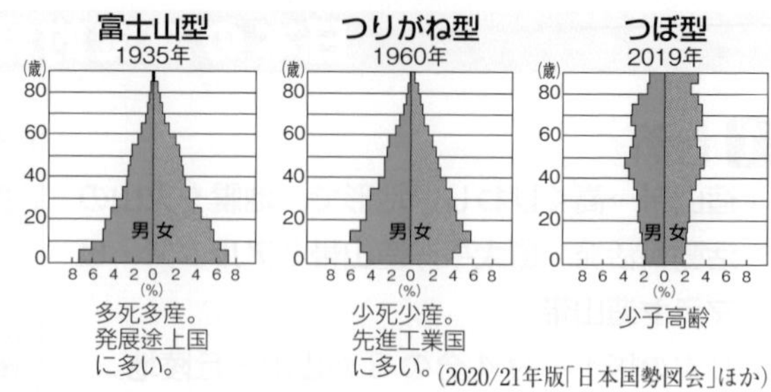

▲日本の人口ピラミッド

注意！ ③**過密**…人口の半分近くが住む東京，大阪，名古屋の**三大都市圏**と，**地方中枢都市**（札幌，仙台，広島，福岡）などに人口が集中。

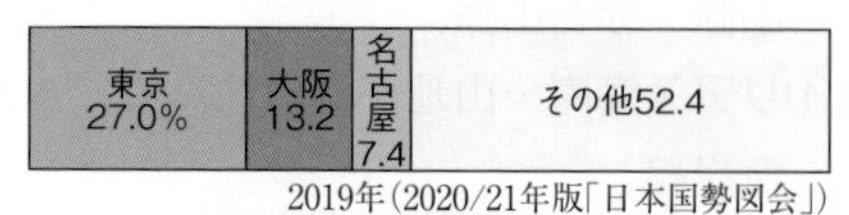

▲三大都市圏の人口割合

注意！ ④**過疎**…地方の農山漁村で，**地域社会の維持が困難**になるほど人口が減少し，高齢化が進展。

3 資源・エネルギー

①鉱産資源の分布…**石油**や**鉄鉱石**，**レアメタル〔希少金属〕**などは特定の地域で，**石炭**などは世界各地で産出。日本は鉱産資源のほとんどを輸入にたよる。

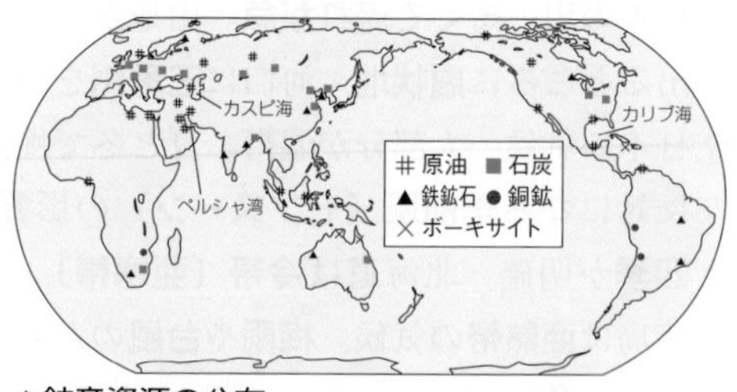

▲鉱産資源の分布

重要 ②発電…環境にやさしい**再生可能エネルギー**を増やすことが求められている。

発電の種類	長所	短所
火力	発電効率がよい。	燃料が有限。**地球温暖化**の原因となる**二酸化炭素**を多く排出。
原子力	安定して大量の電力を供給できる。	事故がおきたときの被害が大きい。**放射性廃棄物の処理**に問題。
水力	二酸化炭素を出さない。	発電所の建設が環境破壊につながる。
再生可能エネルギー	ほぼ**無限**で，**二酸化炭素を出さない**。	安定して大量の電力を供給することが困難。

▲発電の特色

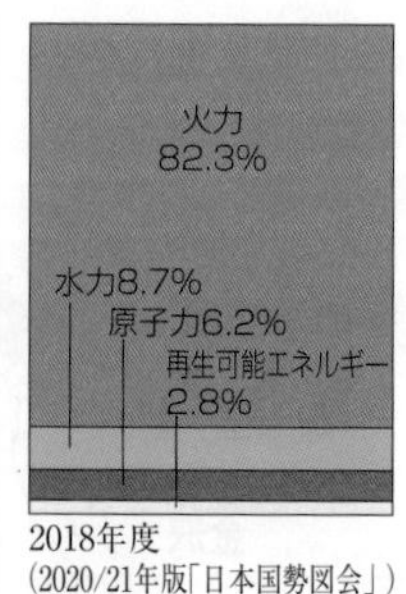

▲日本の発電の内訳

4 産業

①農業

- **米**…北陸や東北地方は水田単作地帯。

注意!
- **野菜**…栽培時期を早める**促成栽培**，遅らせる**抑制栽培**。大消費地周辺の**近郊農業**。
- **果実**…**りんご**は冷涼な**東日本**，**みかん**は温暖な**西日本**。盆地の**扇状地**などで**ぶどう**など。
- **畜産**…北海道や九州南部で大規模経営。

▲日本のおもな農業地域

②林業…国土の約**3分の2**が**森林**で，資源が豊富。**従事者の不足**と**高齢化**が課題。

③水産業…日本近海は世界的な好漁場。

- **とる漁業**…**遠洋漁業**，**沖合漁業**，**沿岸漁業**。資源の減少や**排他的経済水域**の設定などで漁獲量が減少。

注意!
- **育てる漁業**…網で仕切った海などで大きくなるまで育てる**養殖漁業**と，海や川に放流する**栽培漁業**。

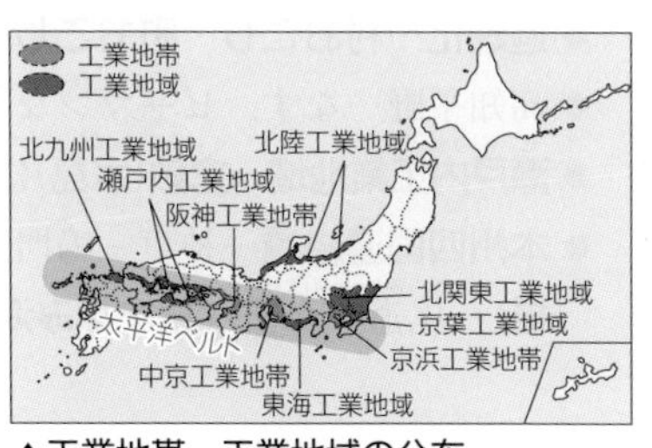

▲工業地帯・工業地域の分布

④工業

重要
- **太平洋ベルト**…**京浜**，**中京**，**阪神**の工業地帯と，**京葉**，**東海**，**瀬戸内**，**北九州**などの工業地域が連なる。

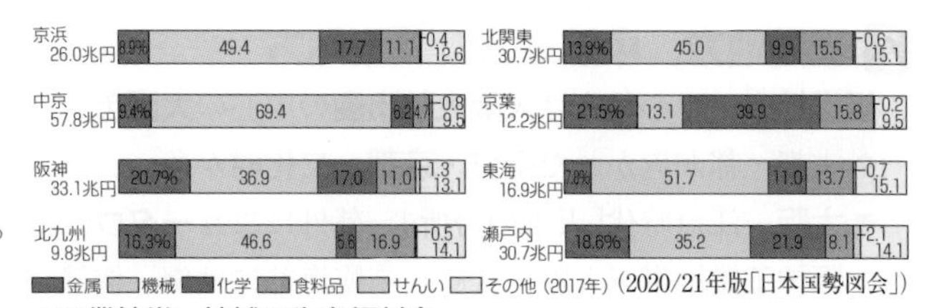

▲工業地帯・地域の生産額割合

5 交通・通信

①交通…高速化が進み，世界の**時間距離**が短縮。

- **航空輸送**…**人**や**小型・軽量で高価な貨物**を輸送。
- **海上輸送**…**重厚長大な貨物**を輸送。

②**加工貿易**…日本の経済をささえてきた，**原料を輸入**して**工業製品を輸出**する貿易。現在は工業製品の輸入が増加→国内の生産がおとろえる**産業の空洞化**。

③通信…光ファイバーなどの情報通信網の高速化で**インターネット**の利便性が高まり，**スマートフォン**などの情報端末が普及→情報社会の深化。

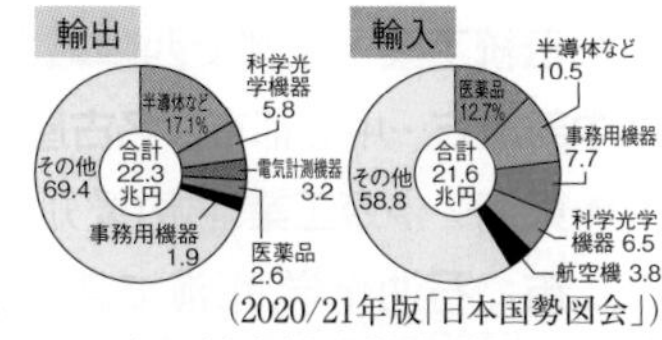

▲日本の航空輸送貨物（2019年）

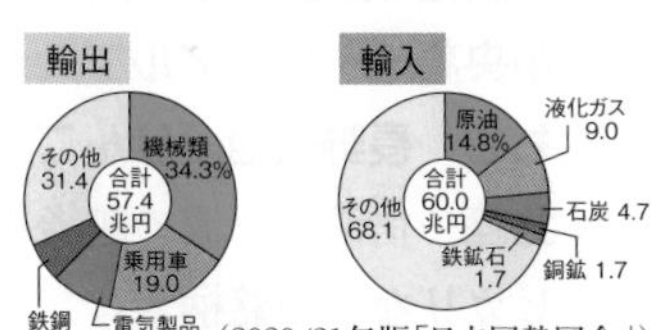

▲日本の海上輸送貨物（2018年）

日本の諸地域と身近な地域の調査

1 九州地方，中国・四国地方

①**九州地方**…中心都市は**地方中枢都市**の**福岡市**。

- **シラス台地**…大規模な畜産や野菜の栽培。
- 重要 宮崎平野…きゅうり，ピーマンなどの**促成栽培**。
- **北九州工業地域**(福岡県)…官営の八幡製鉄所から発展。
- **九州新幹線**…博多と鹿児島中央を結ぶ。

②**中国・四国地方**…中心都市は**地方中枢都市**の**広島市**。

- 注意！ **瀬戸内の気候**…山地が季節風をさえぎり，降水量が少ない。讃岐平野には水不足に備えたため池が多い。
- **過疎化**…**村おこし・町おこし**で活性化をはかる。
- 高知平野…なす，ピーマンなどの**促成栽培**。
- 重要 **瀬戸内工業地域**…**倉敷**(**水島**)に**石油化学コンビナート**。
- **本州四国連絡橋**…神戸－鳴門，児島－坂出（**瀬戸大橋**），尾道－今治（**しまなみ海道**）の3ルート。

▲九州地方

▲中国・四国地方

2 近畿地方，中部地方，関東地方

①**近畿地方**…中心都市は**大阪大都市圏**の中心の**大阪市**。

- 重要 古都…都が置かれた**奈良・京都**。**文化財**が多い。
- **大阪**…江戸時代「天下の台所」。郊外に**ニュータウン**。
- **阪神工業地帯**（大阪・兵庫）…臨海部に鉄鋼・機械などの大工場，内陸部に中小工場。
- **伝統工業**…京都で**西陣織**などの**伝統的工芸品**を生産。

②**中部地方**…中心都市は**名古屋大都市圏**の中心の**名古屋市**。

- 重要 **東海**…**中京工業地帯**(愛知・岐阜)→**豊田**で**自動車**，**四日市**で**石油化学**，東海で鉄鋼など。**東海工業地域**(静岡)→**浜松**で**楽器・オートバイ**，富士で製紙・パルプなど。
- **中央高地**…日本アルプスがある。**甲府盆地**で**ぶどう・もも**，**長野盆地**で**りんご**。**諏訪盆地**で**電子工業**。
- **北陸**…信濃川下流の**越後平野**などで**米の単作**。コシヒカリなどの**銘柄米**。

▲近畿地方

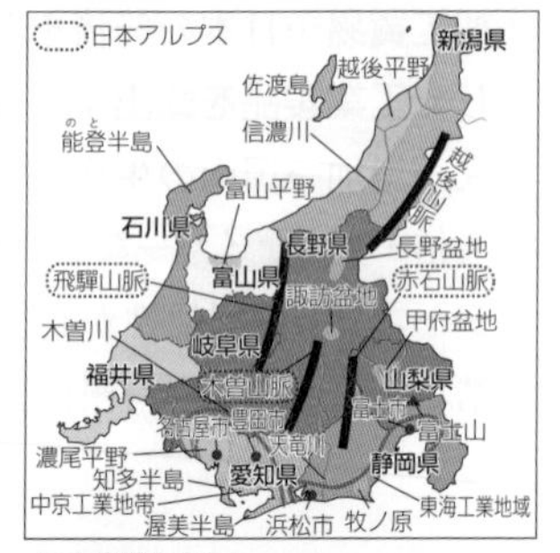

▲中部地方

③**関東地方**…中心都市は**東京大都市圏**の中心の**東京**。

- **関東平野**…日本最大の平野。関東ローム。**近郊(きんこう)農業**。
- 注意! **東京**…**首都**。日本の政治・経済・文化の中心。周辺から**通勤客**などが集まり，昼間人口が夜間人口より多い。
- **京浜(けいひん)工業地帯**（東京・神奈川）…印刷業がさかん。
- **京葉(けいよう)工業地域**（千葉）…鉄鋼，石油化学工業。

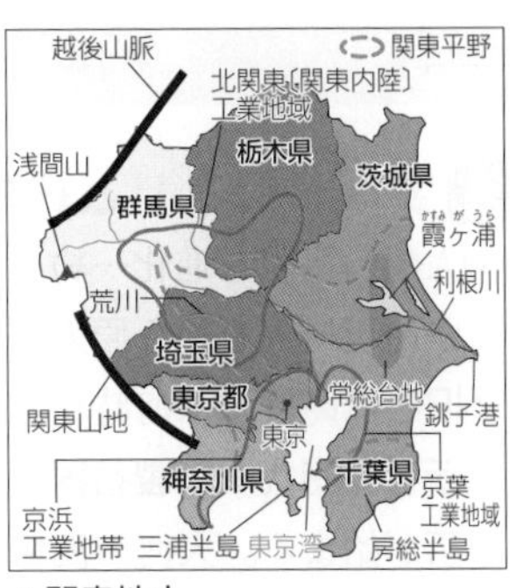

▲関東地方

3 東北地方，北海道地方

①**東北地方**…中心都市は**地方中枢(ちゅうすう)都市**の**仙台市**。

- **三陸(さんりく)海岸**…**リアス海岸**が発達→**養殖(ようしょく)漁業**がさかん。
- 稲作…**秋田平野**，**庄内(しょうない)平野**，**仙台平野**などでさかん。
- 重要 果樹…青森で**りんご**, 山形で**さくらんぼ**, 福島でもも。
- 交通…**東北新幹線**，**東北自動車道**で首都圏と接続。
- **東日本大震災**… 2011 年 3 月 11 日の巨大地震と津波(つなみ)にともない，大きな被害となる。

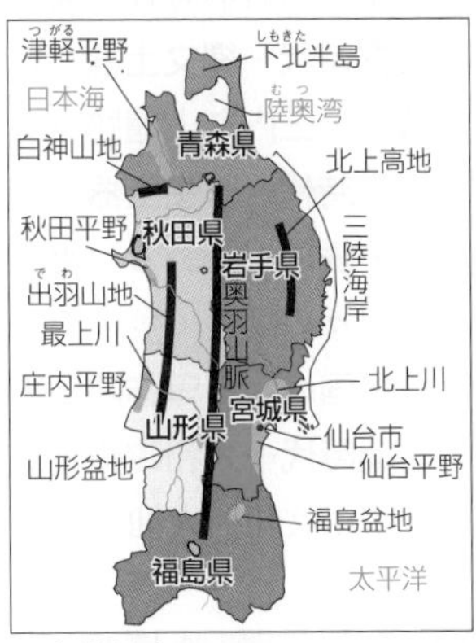

▲東北地方

②**北海道地方**…中心都市は**地方中枢(ちゅうすう)都市**の**札幌市**。

- 自然…オホーツク海に**流氷**。太平洋岸で**濃霧**。
- 開拓…明治時代から**屯田兵(とんでんへい)**らによって開拓。
- 重要 **アイヌの人々**…北海道を中心にくらす日本の先住民族。
- **石狩(いしかり)平野**…泥炭地(でいたんち)を改良→稲作地帯。
- **十勝(とかち)平野**…じゃがいもなどの**大規模な畑作**。
- **根釧(こんせん)台地**…大規模な**酪農(らくのう)**。

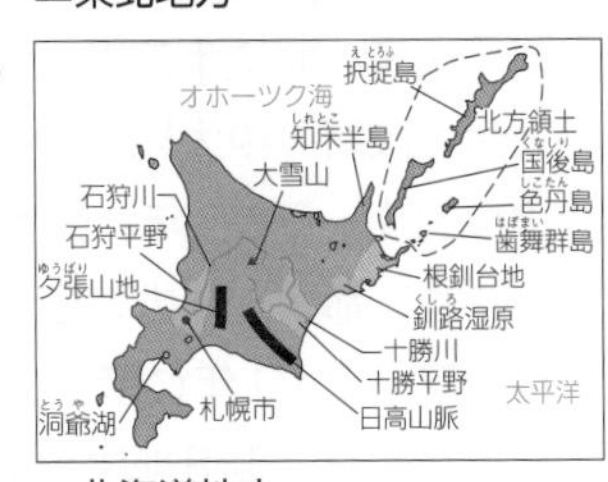

▲北海道地方

4 身近な地域の調査

- 地形図の見方…**国土地理院**が 2 万 5000 分の 1 や 5 万分の 1 の地形図を発行。
- **縮尺**…実際の距離を地図に表すために縮めた割合。縮尺が大きいほど詳しく表される。
- 注意! **実際の距離＝地図上の長さ×縮尺の分母**
- **方位**…ふつう，地図の上が**北**の方位を指す。
- **等高線**…同じ標高の地点を結んだ線。2 万 5000 分の 1 地形図で 10m，5 万分の 1 地形図で 20m ごとに引かれる。

古代までの日本と世界

1 文明のおこりと日本の成り立ち

▲四大河文明

①人類の出現と進化…約 700 ～ 600 万年前に**猿人**が出現→火を使う**原人**→直接の祖先の**新人**。

②**旧石器時代**…氷河時代。**打製石器**を使用。

注意！ ③**新石器時代**…**磨製石器**と**土器**を使用。**農耕**や**牧畜**が始まる。大河の流域で古代文明。

④日本の旧石器時代…大陸と陸続き。**岩宿遺跡**。

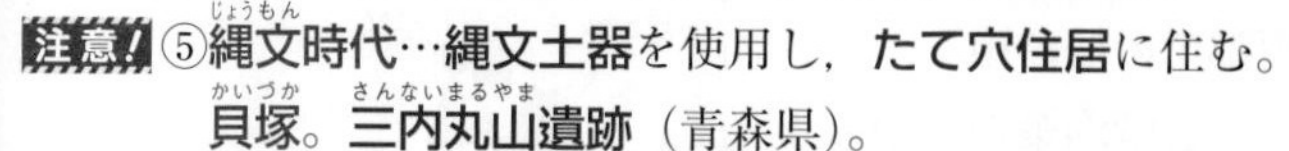

注意！ ⑤**縄文時代**…**縄文土器**を使用し，**たて穴住居**に住む。**貝塚**。**三内丸山遺跡**（青森県）。

⑥**弥生時代**…**弥生土器**を使用。**稲作**が広がる。**青銅器**・**鉄器**が伝わる。**吉野ヶ里遺跡**（佐賀県）。

● 国々の誕生…争いの発生→支配者が出現。**邪馬台国**の女王**卑弥呼**が**魏**に使いを送る。

▲縄文土器

▲弥生土器

⑦**古墳時代**…**大和政権**の**大王**が九州地方から東北地方南部まで統一。

重要 ● 古墳文化…**大仙古墳**など**前方後円墳**。土製の**はにわ**。**渡来人**が技術・文化を伝える。

2 古代国家の歩み

重要 ①**聖徳太子**…**冠位十二階**，**十七条の憲法**，**遣隋使**の派遣など。**法隆寺**→**飛鳥文化**。

②**大化の改新**…**中大兄皇子**・中臣鎌足らが蘇我氏をたおす。**公地・公民**の原則。

重要 ③律令制度…**701 年**に**大宝律令**を制定。中央に**二官八省**。都から地方に**国司**を派遣。

④**平城京**…**710 年**に**奈良**に都を移す。

⑤農民の生活…**班田収授法**で**6 歳**以上のすべての人に口分田を支給。**租**・**調**・**庸**の税や兵役の義務。

⑥**遣唐使**…唐の制度や文化をとり入れるため，何度も派遣。**鑑真**→**唐招提寺**。

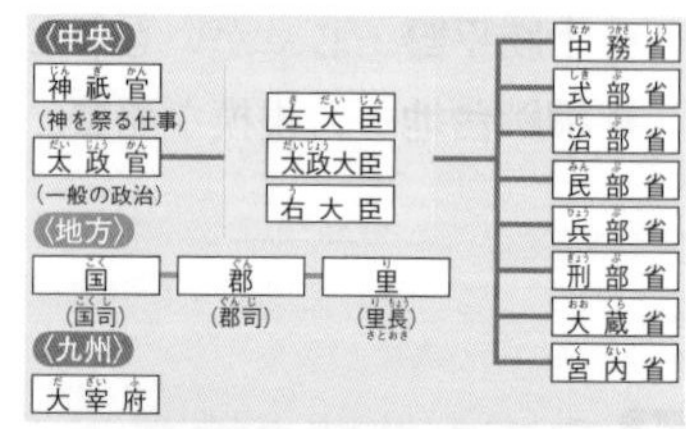

▲律令国家のしくみ

⑦奈良時代の文化…**正倉院**の宝物。歴史書の『**古事記**』『**日本書紀**』，和歌集の『**万葉集**』。

● **天平文化**…国ごとに**国分寺**，都に**東大寺**を建てた**聖武天皇**のころの仏教文化。

⑧**平安京**…**794 年**に**桓武天皇**が京都に都を移す。**坂上田村麻呂**の東北遠征。**最澄**が**天台宗**，**空海**が**真言宗**を伝える。

重要 ⑨**摂関政治**…天皇が幼少のときは**摂政**，成長すると**関白**の職について行う政治。**藤原道長**・**頼通**父子のころに最盛。

⑩**国風文化**…遣唐使の停止。**仮名文字**の広まり→**紫式部**の『**源氏物語**』，**清少納言**の『**枕草子**』など。貴族の**寝殿造**。

▲寝殿造

中世の日本と世界

1 武士の登場と成長

①地方の反乱…**平将門**・**藤原純友**の乱→武士の力で鎮圧→武士の成長→**武士団**の形成。
②**院政**… 1086 年に**白河上皇**が開始。院に**荘園**の寄進が集中。**僧兵**が勢力をのばす。
重要 ③**平氏**の政権…**保元の乱**，**平治の乱**ののち，1167 年に**平清盛**が**太政大臣**になる。
● **日宋貿易**…清盛は**兵庫**の港を修築し，**宋**との貿易に力を入れた。

2 鎌倉幕府と元寇

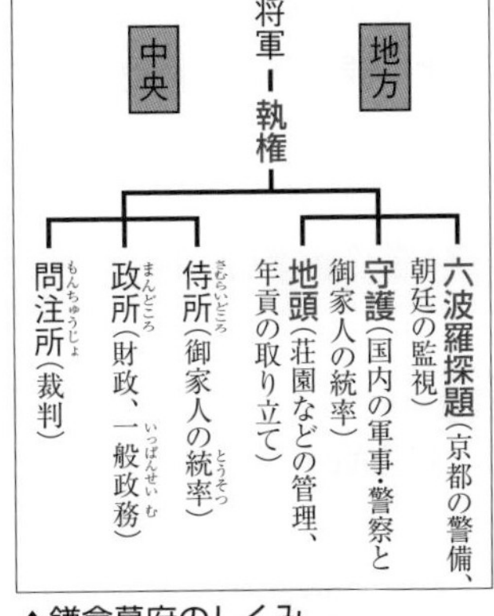

▲鎌倉幕府のしくみ

重要 ①**鎌倉幕府**… **源 頼朝**は，1185 年に**守護**・**地頭**を置き，1192 年に征夷大将軍に任じられて幕府を開いた。
注意! ● 将軍と**御家人**…**御恩**と**奉公**の主従関係で結ばれた。
②**執権政治**…北条氏が執権の地位を独占。1221 年に**後鳥羽上皇**が**承久の乱**をおこす→幕府の勝利。
● **御成敗式目〔貞永式目〕**…**北条泰時**が制定。
③武士の生活…農村に住み，武芸の修練にはげんだ。
④農業の発達…**二毛作**の広まり，牛馬の利用など。
⑤鎌倉文化…力強い武士の文化。**東大寺南大門**の**金剛力士像**（**運慶ら**），軍記物の『**平家物語**』など。
注意! ● 新しい仏教…**法然**の**浄土宗**，**親鸞**の**浄土真宗**，**一遍**の**時宗**，**日蓮**の**日蓮宗**など。**栄西**と**道元**が**禅宗**を伝える。
重要 ⑥**元寇**…**モンゴル帝国**の**フビライ・ハン**が国号を**元**に改め，2度にわたって襲来。集団戦法と火器で日本軍を苦しめる。
⑦幕府の滅亡…**後醍醐天皇**の挙兵に**足利尊氏**らが応じ，1333 年に鎌倉幕府はほろんだ。

▲金剛力士像
（©00941AA）

3 南北朝の内乱と室町幕府

①**南北朝**の内乱…後醍醐天皇の**建武の新政**→**足利尊氏**が**京都**に別の天皇を立て，征夷大将軍に任じられる→後醍醐天皇は**吉野**に移る。
②**室町幕府**… 1392 年に南北朝の統一に成功した**足利義満**が幕府の力を強め，唯一の中央政権に。
③東アジアとの関係… 1404 年に義満は**明**と**勘合貿易**を開始。朝鮮では**李成桂**が**朝鮮国**を建国。
● **倭寇**…中国・朝鮮の沿岸で海賊行為。

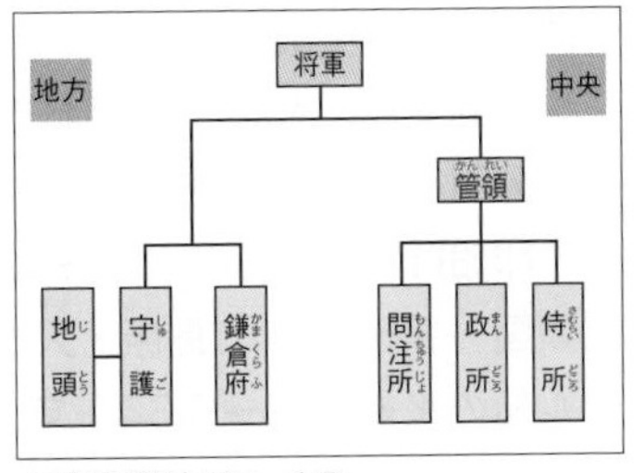

▲室町幕府のしくみ

4 民衆の生活と室町文化

①産業の発達…**定期市**の回数増加。**馬借**・問〔問丸〕の活動。同業の商工業者による**座**。

②民衆の成長…農村に**惣**とよばれる自治組織。都市では**町衆**などによる自治。

● 民衆の抵抗…農民たちは**土一揆**をおこす。加賀では**一向一揆**が守護大名をたおす。

重要 ③**応仁の乱**…**足利義政**の後継争いなどから，**1467年**におこり，京都は焼け野原になる。

● **下剋上**…下の身分の者が実力で上の者をたおす風潮。

④**戦国大名**…**城下町**の建設，**分国法**の制定。

西軍
山名持豊
日野富子
義尚
義廉
義就
将軍家
義政
斯波家
畠山家
(＝は養子を示す)
東軍
細川勝元
義視
義敏
政長

▲応仁の乱開始時の対立関係

注意! ⑤室町文化…**金閣**を建てた義満のころに**北山文化**，**銀閣**を建てた義政のころに**東山文化**。**観阿弥・世阿弥**が**能**を大成。**雪舟**が**水墨画**を大成。**書院造**の建築。

近世の日本と世界

1 ヨーロッパ世界の発展と天下統一

①**大航海時代**…**コロンブス**がカリブ海の島に到達。**マゼラン**船隊が世界一周に成功。

注意! ②ヨーロッパ人との出会い…**1543年**，**種子島**に漂着した**ポルトガル**人が**鉄砲**を伝える。**1549年**，**イエズス会**の宣教師**フランシスコ・ザビエル**が**キリスト教**を伝える。

重要 ③**織田信長**…**1573年**に**室町幕府**をほろぼす。

● **楽市・楽座**…**安土城**下で実施。商工業の活性化が目的。

重要 ④**豊臣秀吉**…壮大な**大阪城**を建設。**1590年**に全国統一を達成。2度にわたり**朝鮮**を侵略→失敗。

● **兵農分離**…**太閤検地**と**刀狩**→武士と農民の身分を区別。

⑤**桃山文化**…豪華・壮大な文化。**姫路城**などの**城**。

▲姫路城（完成は江戸時代）

2 江戸幕府の成立と鎖国

①**江戸幕府**の成立…**徳川家康**が**関ヶ原の戦い**に勝利→**1603年**に幕府を開く。

注意! ②大名の統制…**親藩・譜代大名・外様大名**をたくみに配置。**武家諸法度**を制定。

重要 ● **参勤交代**…大名は**1年**おきに領地と江戸を往復。

③身分制度…**武士**が**百姓**（農）と**町人**（工商）を支配。

④**朱印船貿易**…東南アジア各地に**日本町**ができる。

注意! ⑤**鎖国**…**1637年**，**島原・天草一揆**→**1639年**，ポルトガル船の来航禁止→**1641年**，**オランダ商館**を**長崎**の**出島**に移す。

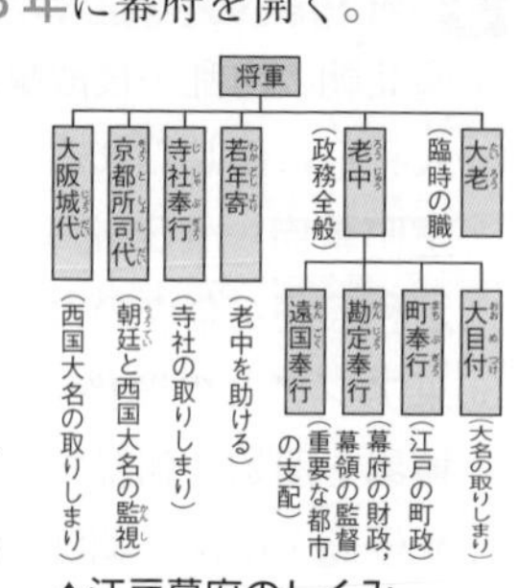

▲江戸幕府のしくみ

3 産業の発達と幕府政治の動き

▲千歯こき

▲備中ぐわ

①農業…**新田**の開発→耕地の増大。**備中ぐわ**・**千歯こき**などの農具の利用。**商品作物**の栽培。

②**株仲間**…商工業者の同業組合。

③都市の発達…江戸・大阪・京都の**三都**が繁栄。

④交通の発達…**東海道**などの**五街道**を整備。

⑤**徳川綱吉**…**儒学**を奨励。生類憐みの令。

重要 ⑥**享保の改革**…**8代**将軍**徳川吉宗**が行う。質素・倹約の奨励，**上げ米の制**の実施，**目安箱**の設置，**公事方御定書**の制定など。

⑦**田沼意次**…**株仲間**の奨励，銅・海産物の輸出の奨励など，積極的な経済政策を行う。

重要 ⑧**寛政の改革**…老中**松平定信**が行う。ききんに備え農村に**倉**を設ける。旗本の借金を帳消し。学問の統制。

重要 ⑨**天保の改革**…老中**水野忠邦**が行う。**株仲間の解散**，出版・風俗の取りしまりなど。

● **大塩の乱**…**1837年**，もと幕府の役人の**大塩平八郎**が大阪で挙兵→幕府に衝撃。

▲都市と交通の発達

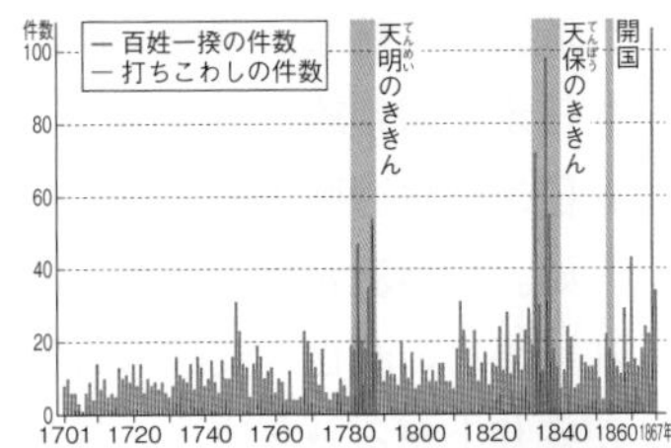

▲百姓一揆と打ちこわしの発生件数

4 新しい学問と町人文化

①**国学**…『古事記伝』を書いた**本居宣長**が大成。

重要 ②**蘭学**…オランダ語の書物を通じて西洋の学問・技術を学ぶ。

● **『解体新書』**…前野良沢・**杉田玄白**らが翻訳・出版。

③教育…庶民の子どもは**寺子屋**で読み・書き・そろばんなどを学ぶ。

▲『解体新書』

元禄文化	文化	**化政文化**
17世紀末から18世紀はじめにかけて	時期	19世紀前半
上方中心の町人文化	特色	**江戸**中心の町人文化
井原西鶴…浮世草子とよばれる小説 **近松門左衛門**…人形浄瑠璃の台本 松尾芭蕉…**俳諧**を大成	文学	世相を風刺する**狂歌**や**川柳**が流行 十返舎一九…こっけい本 与謝蕪村・小林一茶…俳句
俵屋宗達・尾形光琳…装飾画を大成 菱川師宣…**浮世絵**を始める	絵画	**喜多川歌麿**…美人画の**錦絵** **葛飾北斎**・**歌川広重**…風景画の**錦絵**

▲江戸時代の文化

近代の日本と世界

1 欧米諸国の近代化と日本の開国

①**近代市民革命**…イギリスで1642～49年に**ピューリタン革命**→1688年に**名誉革命**→議会政治が確立。

- **アメリカ独立戦争**…1776年に**独立宣言**を発表。イギリスから独立後，三権分立の合衆国憲法を制定。
- 重要 **フランス革命**…1789年に**人権宣言**を発表→共和制に。**ナポレオン**が台頭し，皇帝になる。

②**産業革命**…生産と社会のしくみが変化。**イギリス**は18世紀中ごろに達成→「世界の工場」に。

重要 ③欧米諸国のアジア侵略…中国〔清〕は**アヘン戦争**でイギリスに敗れ，**南京条約**で香港をゆずる。

- **インド大反乱**…1857年，イギリスが鎮圧→植民地化。

④**ペリー**…アメリカ東インド艦隊司令長官。1853年に**浦賀**に来航し，幕府に開国を要求。

- 注意! **日米和親条約**（1854年）…**下田**・**函館**を開港。
- **日米修好通商条約**（1858年）…貿易を開始。**領事裁判権**を認め，**関税自主権**がない。

⑤江戸幕府の滅亡…**安政の大獄**→**尊王攘夷運動**が盛り上がる→薩摩藩・長州藩が攘夷に失敗→**薩長同盟**が成立→1867年に**徳川慶喜**が**大政奉還**→**王政復古の大号令**→**戊辰戦争**。

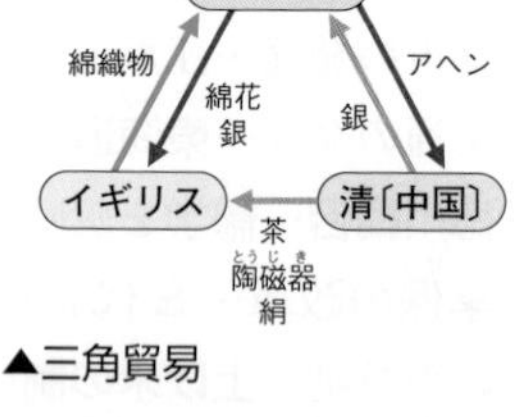

▲三角貿易

▲幕末の開港

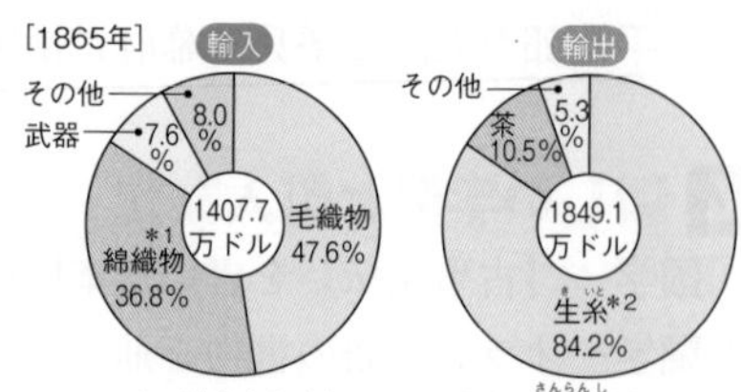

（「日本経済史3 開港と維新」）

▲開国後の貿易のようす

2 明治維新

注意! ①**明治維新**…1868年に**五箇条の御誓文**→基本方針を示す。**版籍奉還**・**廃藩置県**→中央集権国家を確立。

重要 ②**富国強兵**…**学制**の発布，**徴兵令**の実施，**地租改正**。

- **地租改正**…地価の3%の地租を**現金**で納めさせる。

③**殖産興業**…近代産業を育成。**富岡製糸場**などの**官営**（模範）工場を設立。**鉄道**の開通。北海道の開拓。

④**文明開化**…都市を中心に欧米の文化が普及。

▲明治初期の外交

3 立憲国家の成立と日清・日露戦争

▲板垣退助

▲伊藤博文

重要 ①**自由民権運動**…**板垣退助**らが**民撰議院設立(の)建白書**を提出→国会開設の勅諭→**自由党**・**立憲改進党**の結成。

②**内閣制度**…1885年に**伊藤博文**が内閣総理大臣に就任。

重要 ③**大日本帝国憲法**…君主権の強い**ドイツ**の憲法を参考に草案を作成→1889年に発布。**天皇**に強大な権限。

④**帝国議会**…**衆議院**と**貴族院**。衆議院議員は制限選挙。

注意！ ⑤**条約改正**…**陸奥宗光**が**領事裁判権〔治外法権〕**の撤廃，**小村寿太郎**が**関税自主権**の回復に成功。

重要 ⑥**日清戦争**…1894年に**甲午農民戦争**→開戦。

● **下関条約**…**台湾**・**遼東半島**を獲得→**三国干渉**。

⑦**日露戦争**…1902年に**日英同盟**→1904年に開戦。

重要 ● **ポーツマス条約**…南樺太などを獲得。

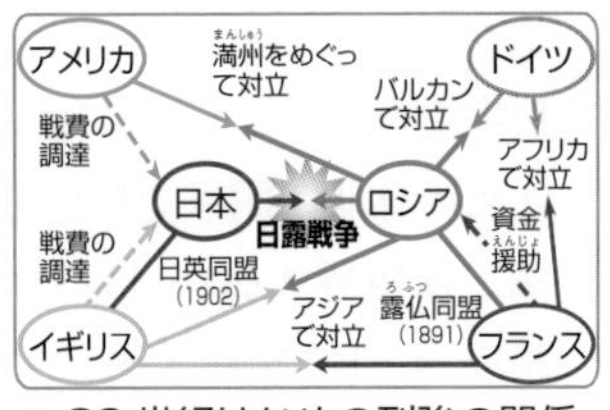

▲20世紀はじめの列強の関係

4 近代産業と近代文化

注意！ ①**産業革命**…日清戦争前後に**軽工業**，日露戦争前後に**重工業**の分野で進展。

②社会問題…低賃金・長時間の労働→労働者は**労働組合**を結成。**社会主義**のめばえ。

● **足尾銅山鉱毒事件**…**田中正造**が政府を追及。

文学	**夏目漱石**・**森鷗外**・**樋口一葉**
日本画	フェノロサと岡倉天心が復興
西洋画	**黒田清輝**が印象派の画風を紹介

▲近代文化

二度の世界大戦と日本，現代の日本と世界

1 第一次世界大戦と日本

①**第一次世界大戦**…1914年に**サラエボ**事件→開戦。

● **ロシア革命**…**レーニン**の指導で**社会主義**政権を樹立。

②国際協調…1919年に**パリ講和会議**→**ベルサイユ条約**を結ぶ。**国際連盟**の発足。**ワシントン会議**→海軍軍縮。

注意！ ③アジアの民族運動…中国で**五・四運動**。朝鮮で**三・一独立運動**。インドで**ガンディー**がイギリスに自治を求める運動。

重要 ④**大正デモクラシー**…**吉野作造**が**民本主義**を主張。**米騒動**の直後に**原敬**が本格的な**政党内閣**を組織。社会運動。

重要 ⑤**普通選挙法**…25歳以上の**男子**に選挙権。**治安維持法**の制定→共産主義を取りしまり。

⑥大正時代の文化…文化の大衆化。白樺派や**芥川龍之介**の文学。**ラジオ**放送の開始。

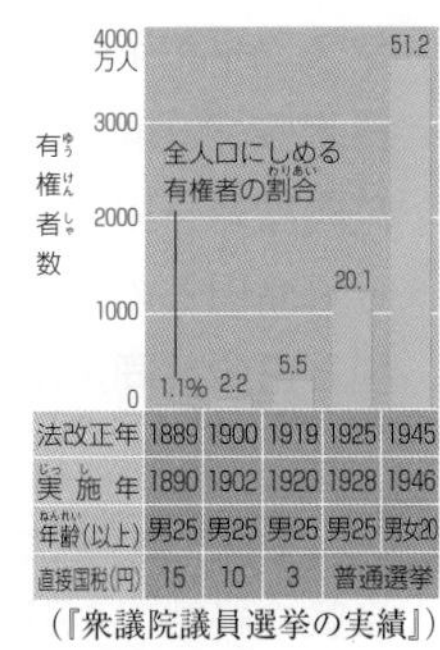

法改正年	1889	1900	1919	1925	1945
実施年	1890	1902	1920	1928	1946
年齢(以上)	男25	男25	男25	男25	男女20
直接国税(円)	15	10	3	普通選挙	

(『衆議院議員選挙の実績』)

▲有権者の増加

2 日本の中国侵略と第二次世界大戦

①**世界恐慌**… 1929年，**ニューヨーク**で株価暴落→深刻な不景気が全世界に波及。

注意! ● 対策…イギリスは**ブロック経済**，アメリカは**ニューディール政策**。

②**ファシズム**…ドイツで**ナチス**，イタリアで**ファシスト党**が全体主義の政治を行う。

③**満州事変**… 1931年に関東軍が鉄道爆破→満州を占領→**満州国**建国→1933年に国際連盟を脱退。

④軍部の台頭… 1932年に**五・一五事件**→政党政治が終わる。1936年に**二・二六事件**。

⑤**日中戦争**… 1937年に**盧溝橋**事件→戦争が始まる。

● 戦時体制…**国家総動員法**の制定，**大政翼賛会**設立。

▲満州国

⑥**第二次世界大戦**… 1939年にドイツの**ポーランド**侵攻で開戦。**日独伊三国同盟**の結成→1943年にイタリアが降伏→1945年にドイツが降伏。

● **太平洋戦争**… 1941年に日本軍が**真珠湾**を奇襲し，マレー半島に上陸。大戦が拡大。

◎重要 ● 日本の降伏→ 1945年，広島・長崎に**原子爆弾**投下→**ポツダム宣言**を受諾→敗戦。

3 戦後日本の発展と国際社会

①**戦後改革**…**連合国軍最高司令官総司令部〔GHQ〕**の指令。**極東国際軍事裁判**。**教育基本法**の制定。

◎重要 ● 経済の民主化…**財閥**解体。**農地改革**→**自作農**の増加。

● **日本国憲法**…**国民主権**，**基本的人権の尊重**，**平和主義**。

②**国際連合**… 1945年に発足。安全保障理事会の設置。

③**冷たい戦争〔冷戦〕**…資本主義陣営と共産主義陣営が対立。

●自作地と小作地の割合

年	自作地	小作地	その他
1940年	54.5%	45.5%	
1950年	89.9%	9.9%	0.2%

●自作・小作別農家の割合

年	自作	自小作	小作	その他
1940年	31.1%	42.1%	26.8%	
1950年	61.9%	32.4%	5.1%	0.6%

（「完結昭和国勢総覧」）

▲農地改革による変化

注意! ④国際社会への復帰… 1951年，**サンフランシスコ平和条約**を結んで独立を回復。同時に**日米安全保障条約**を結ぶ。1956年に**日ソ共同宣言**→国際連合への加盟が実現。

◎重要 ⑤近隣諸国との関係…韓国と**日韓基本条約**。中国と**日中共同声明**，**日中平和友好条約**。

▲冷戦下のヨーロッパ

4 これからの日本と世界

◎重要 ①冷戦の終結… 1989年に**ベルリンの壁**を撤去→東欧の民主化→1991年にソ連の解体。

②国際社会…**ヨーロッパ連合〔EU〕**の発足。**湾岸戦争・イラク戦争**などの**地域紛争**。